ANARQUIA É UTOPIA
FAÇA UMA TODO O DIA

1ª edição / Porto Alegre-RS / 2018

*Para meu conselho editorial familiar:
Luciana Tomasi, Iuli Gerbase, Livi Gerbase e Iami
Gerbase. Vocês falam muitas bobagens,
mas evitam que as minhas sejam publicadas.*

*"O artista precisa da infidelidade da memória para
não copiar a natureza, e sim transformá-la".*
Friedrich Nietzsche, em *"Sabedoria para depois do amanhã"*
(Martins Fontes, 2005)

SUMÁRIO

Pra que serve uma crônica?..11
Anarquismo e anarquistas..13
Tio Chico..15
A escrita dos cientistas..17
Engenharia reversa..19
A moral do tio Jack...21
O surfista cadeirante...23
Recuperação de sistema..25
Quanto custa? Quanto dura?...27
Civilização..29
Dicas de português..31
O pastor, a Xuxa e Khouri...33
Nós e eles..35
Eles entre nós..37
Quem perdoa Polanski?...39
Compra-se política..41
400 caracteres a menos..43

As meninas da Vogue 45
Ilusões de interatividade 47
Flashbacks 49
A tv foi pro céu 51
Obrigado, meus velhos 53
Outras sabedorias 55
Em defesa da religião 57
Solo de bateria 59
A derradeira corrida armamentista 61
Disciplina e hierarquia 63
Quadrilhas de autoridades 65
Obrigado, Dona Léa 67
Decepção original 69
A segunda chance 71
Pobre Julien! 73
Insubmissão 75
Um mundo feito de telas 77
Humilhação não tem clímax 79
Mas não se matam baratas? 81
Nas universidades 83
Meu chá com a Condessa Crawley 85
Quer casar comigo? 87
O fim e os meios 89
Dramatizando o terror 91
Não leia Mein Kampf 93
Sobre filmes e viadutos 95
Fazendo um culpado 97

Da imperfeição 99
Bye, bye, Brasil 101
Instrução 103
Não é golpe. É invasão! 105
A crise do voyeur no cinema 107
Newton ou Ptolomeu? 109
Bilhões 111
Prendam os bonecos! 113
O filme que não queríamos fazer 115
Meu conselho editorial 117
Um aluno com um celular 119
O lagarto 121
Os tiranossauros 123
Texto acadêmico 125
Fé e democracia 127
Quanto vale a cultura? 129
Fabián y la revolución 131
As essências 133
Milagre 135
1Q84 137
Desafinando em La La Land 139
Escolha sua infância 141
Por que Yuval Harari é tão bom? 143
Leia de graça mais 145
De um milhão de e-books 145
Eternos inimigos? 147
Primeiro encantar, depois alimentar a consciência 149

Museus de gritos e sussurros 151
O que colocar no lugar da história? 153
Os artistas exilados 155
O grande medo 157
A falsa cega 159
Mulheres no comando 161
Profissionais 163
O clichê feminista de Sofia Coppola 165
Eu, um pequeno-burguês 167
Não interessa se era arte: era pensamento 169
A grande ilusão dos senhores da moral 171
Arte e ciência: duas irmãs 173
Mentiras digitais 175
Os seres minúsculos 177
Jornalismo ou publicidade? 179
Lugares para falar 181
Essa coisa que deu errado 183
Não é não! Sim é sim! 185
109 187
O último reduto da originalidade 189

PRA QUE SERVE UMA CRÔNICA?

Em maio de 2013, recebi um convite da editoria do Segundo Caderno da *Zero Hora* para me integrar à equipe de cronistas do jornal. Teria que enviar um texto a cada duas semanas, o que não parecia ser uma tarefa complicada. Sempre escrevi bastante, principalmente ficção, mas tive meus tempos de repórter e crítico de cinema, lá nas décadas de 1980 e 1990, e hoje sou um acadêmico que produz ensaios com regularidade. Além disso, fazer comentários nas redes sociais é atividade quase cotidiana para quem gosta de se expressar. Portanto, aceitar o convite parecia ser a opção óbvia. Todo escritor gosta de ter mais leitores.

Uma última dúvida, contudo, surgiu: para que serviriam minhas crônicas? Não se tratava de uma dúvida ontológica, pois eu tinha uma razoável ideia do que *era* uma crônica. A questão era bem pragmática: que forma eu daria aos textos para que eles tivessem alguma utilidade, tanto para mim quanto para meus leitores?

Pensei, pensei e cheguei às seguintes constatações: uma crônica não é uma obra de arte, que tem a pretensão de resistir ao tempo e encantar gerações. Portanto, é melhor não ter grandes preocupações estéticas (o que inevitavelmente acontece quando faço cinema ou literatura). Uma crônica também não é um texto visceralmente comprometido com o aqui e o agora, com uma função informativa e interpretativa. Assim, também não tenho um compromisso jornalístico tradicional. E, graças a todos os deuses da escrita, uma crônica não segue as normas da ABNT, que pairam como urubus sobre a minha cabeça quando estou às voltas com ensaios acadêmicos.

Descobri que minhas futuras crônicas poderiam ser meu espaço de liberdade como escritor. Eu só teria que escolher um tema, quase aleatoriamente, e discorrer sobre ele. A única limitação seria o número de caracteres determinado pelo jornal. Foi o que fiz ao longo de cinco anos, e este livro é um resumo dessa atividade. Tive a ajuda decisiva de um conselho editorial familiar (há uma crônica sobre ele neste livro) e o apoio constante da equipe da *Zero Hora*. Penso que continuarei a escrever enquanto sentir essa liberdade, esse descompromisso com a arte, com o jornalismo tradicional e com a Academia.

Resumindo: minhas crônicas servem para dar forma ao que é inútil, tanto para mim quanto para meus leitores. Que bom! A modernidade só quer coisas úteis e que nos façam "avançar" rumo a um futuro glorioso. Quem ainda acredita nisso? Eu tive certo prazer ao elaborar esses textos inúteis, e alguns leitores me disseram que se divertiram com a publicação de minhas inconsequências. É o que basta. Um deles até me disse que às vezes pareço um ser de outro planeta falando sobre esses instáveis seres humanos. Pronto: inventei a crônica de ficção científica.

Durante o processo de edição deste livro, recebi preciosas sugestões da equipe da BesouroBox e aceitei quase todas. Eliminei crônicas que só tinham graça quando foram publicadas, coloquei datas mais precisas em frases que se referiam a eventos específicos e atualizei algumas informações. Mas quase não mexi no conteúdo e na forma das crônicas. Elas continuam saudavelmente inúteis, e assim permanecerão para sempre.

ANARQUISMO E ANARQUISTAS

O anarquismo é ótimo, mas os anarquistas são insuportáveis. Essa frase sintetizou, por um bom tempo, meu sentimento – compartilhado com alguns amigos – sobre o movimento político-existencial que, antes de discutir a configuração do poder estatal, defende a eliminação do Estado e a organização libertária dos indivíduos, sem um centro de decisões definido, o que força cada um a fundar, de forma radicalmente livre, seu espaço de convivência com o outro. O professor José Hildebrando Dacanal ensina que o termo *anarquismo* vem do grego e significa *sem princípios*, ou *sem normas*. É um bom começo.

O que é anarquismo, livro de Caio Tulio Costa, foi a porta de entrada para muitos candidatos a anarquistas no início dos anos 1980. Os mais entusiasmados depois foram ler Bakunin e Kropotkin. Os mais pragmáticos acabaram voltando para o trotskismo, bem mais eficiente para vencer disputas de diretórios estudantis. Meu autor anarquista favorito (dica do jornalista Moah Sousa) é o francês Daniel Guérin, que escreveu *Um ensaio sobre a revolução sexual*, em que as questões políticas e sexuais são entrelaçadas. Boa leitura para Bolsonaro e seus seguidores.

Quando o anarquismo parecia definitivamente esquecido, apareceram os anarco-*punks* nas manifestações de rua de 2013, às vezes com aquelas máscaras do *V de Vingança*, de Alan Moore e David Lloyd. Tem sentido, já que os manifestantes declaravam estar longe dos partidos políticos e atacavam "o sistema", seus princípios e suas normas. A frase que abre esta crônica, no entanto, mostrou ter mais sentido ainda: pelo menos alguns dos supostos anarco-*punks* eram simpatizantes do nazismo e racistas bem tradicionais.

Eu tenho uma experiência positiva de anarquismo: durante mais de 20 anos, participei de uma banda *punk* chamada Os Replicantes, que nunca teve líder, nunca enfrentou disputas pelo poder e sempre respeitou os indivíduos que a formavam. Para isso, ninguém precisou ler Bakunin, nem usar máscaras ameaçadoras. Bastava dizer honestamente o que queria e ouvir com atenção o que os outros queriam. Os inevitáveis conflitos eram resolvidos com a mais poderosa das armas: o diálogo. Em casos extremos, usávamos um bordão bacana: "Anarquia é utopia, faça uma todo dia". Eu garanto que funciona.

TIO CHICO

A família de meu pai é descendente de italianos que emigraram para Maceió. Não, eles não estavam com o mapa de cabeça para baixo, nem o navio naufragou na costa de Alagoas. Foi intencional. Talvez eles já soubessem que o clima do Rio Grande do Sul é europeu, a arquitetura é tropical e as praias são siberianas. Meu bisavô preferiu abrir uma loja de tecidos perto de um mar de águas quentes e comer bobó de camarão enquanto seus conterrâneos vinham encarangar de frio em Ana Rech e comer polenta. Cada um, cada um.

Durante muitos anos, acreditei que meu sobrenome Gerbase era uma corruptela de Gerbasi, que soa mais tipicamente italiano. O erro teria acontecido quando a família chegou a Maceió e registrou-se em um cartório tipicamente brasileiro. Mas nada disso é verdade. Em 2010, eu e meus irmãos estivemos em Vibonati, ao sul de Nápoles, onde vivem nossos parentes europeus, todos Gerbases, e fomos advertidos a nem passar perto das casas dos Gerbasis, esses grandes impostores.

Por conta do trajeto algo insólito dos Gerbases, meu pai pode ser considerado um ítalo-nordestino. Mas quis o destino que ele fosse estudar Medicina no Rio de Janeiro, tornando-se um ítalo-carioca-alagoano, e que depois viesse clinicar em Porto Alegre, o que o transformou numa espécie de gaúcho transdisciplinar. O resto da família, contudo, ficou em Maceió. A história que vou contar é do irmão mais moço do meu pai, o tio Chico, que, num belo verão, cansado das águas tépidas de Maceió, veio conhecer os encantos de Capão da Canoa.

Nossa casa não era muito grande, e o tio Chico foi dormir no quarto dos meus irmãos mais velhos, o Zeca e o Tonho. O tio Chico roncou como uma serra elétrica a noite toda, e meus irmãos não conseguiram dormir. Na manhã seguinte, contaram sua desventura para meu pai, que, lembrando de uma velha pílula de sabedoria da família Gerbase, gerada nas belas colinas de Vibonati, receitou: "A melhor maneira de combater o ronco é assobiar um pouco no ouvido no roncador".

Na noite seguinte, meus irmãos passaram a noite assobiando na orelha do tio Chico, e nada. Ele atravessou a madrugada roncando como um verdadeiro nordestino (ou seja, como um forte). Meus irmãos só conseguiram pegar no sono de manhã, quando o tio Chico levantou-se, bateu na porta do quarto de meu pai e disse: "José, estou muito preocupado com seus filhos. Eles passaram a noite inteira assobiando. Isso é um costume gaúcho ou é uma doença que só tem aqui no Sul? Valha-me Deus!"

A ESCRITA DOS CIENTISTAS

O estilo dos ficcionistas é, com certeza, mais importante que o conteúdo de suas obras. De que vale um bom tema se a redação é ruim? Mas um bom texto – claro, elegante, divertido – salva qualquer tema. Às vezes os escritores têm certa dificuldade em admitir esse caráter formalista de seu ofício. John Updike conta em sua autobiografia que ficou muito decepcionado quando as críticas de suas primeiras obras o descreveram como um autor de muito estilo sem nada de importante para dizer. Updike achava que tinha dito coisas fundamentais e que, apesar de toda a luta com a máquina de escrever, não encontrara as palavras mais adequadas.

O estilo dos cientistas, contudo, parece ser muito menos importante que o conteúdo de suas pesquisas, que buscam a tal "verdade" sobre o mundo. Esta, mesmo que temporária, deve ser exposta numa fórmula matemática ou numa série de demonstrações irrefutáveis, e não num parágrafo elegante. Historiadores "de verdade" só escrevem para outros historiadores, porque seus textos, de tão chatos e cheios de referências, são ilegíveis para o público. Os divertidos e populares livros de Eduardo Bueno sobre o Brasil colonial são, portanto, estilisticamente falando, a antítese das obras científicas sobre o mesmo tema. Ainda bem.

Por motivos meio insondáveis, tenho lido muitas obras científicas na área de biologia, em especial as que tratam de evolução. Não li ensaios acadêmicos, nem tenho base suficiente para entrar em detalhes estatísticos e bioquímicos, mas essa experiência mudou minha opinião sobre a necessidade de um cientista ter um bom estilo. Na polêmica entre Stephen Jay Gould e Richard Dawkins sobre a regularidade da evolução (constante ou "aos saltos"), fui convencido várias vezes sobre a "verdade" dos fatos, mudando de opinião à medida que lia suas divertidas, elegantes e claras obras sobre o assunto. Eles parecem ficcionistas: a forma retórica com que descrevem a "verdade" científica se sobrepõe ao conteúdo. Darwin, mesmo sendo um gigante perto deles, é meio chato, repetitivo e pouco claro. A grande qualidade de Freud, afinal de contas, é o seu estilo. Descobertas recentes da neurociência comprovam a maioria de suas teses, mas refutam outras. E daí? Freud escrevia bem, e isso faz com que continuemos acreditando no Complexo de Édipo.

Em minha incursão nas ciências naturais, a frase mais elegante, sintética e precisa que li é de Dobzhansky: "Nada faz sentido em biologia a não ser à luz da evolução". À luz de tudo que li de outros autores, me convenceu. E, se dois bons estilistas como Gould e Dawkins concordam com ele, deve ser verdade.

ENGENHARIA REVERSA

Tento ensinar decupagem para meus alunos de direção em cinema lá na PUCRS. Decupar (do francês *découper*, que significa recortar) é tarefa básica de quem pretende ser autor de um filme. Consiste em pré-visualizar e colocar no papel cada um dos planos que serão executados no *set*. Enquadramentos mais abertos, mostrando o cenário, ou mais fechados, mostrando o rosto dos personagens? A câmera estará fixa sobre o tripé, ou movendo-se suavemente sobre um trilho, ou balançando muito à medida que seu operador caminha com ela nas mãos, ou oscilando um pouquinho enquanto ele apenas respira? Decisões difíceis que dependem de cada momento da narrativa.

Uso como exemplo o primeiro plano da primeira cena de *O poderoso chefão* (parte 1), de Francis Ford Coppola, e tento aplicar o princípio da engenharia reversa, presente em muitas ciências. A ideia geral é examinar cuidadosamente alguma coisa que está pronta e imaginar quais foram os passos necessários para que ela fosse criada. Obviamente, quanto mais complexo é o objeto do estudo, mais difícil (e mais didático) será compreender o processo e a cronologia de sua criação. O começo de *O poderoso chefão* é um longo plano (três minutos) em que Bonasera, um comerciante de origem italiana, pede que Corleone, um chefão da Máfia, mate os estupradores de sua filha. O plano começa com um *close* de Bonasera e vai abrindo até mostrar também as costas de Corleone, de quem nunca vemos o rosto.

Levo quase uma hora para analisar esse plano e não posso reproduzir aqui todos os seus detalhes. Garanto que aplicar a engenharia reversa no cinema pode ser uma tarefa bem complicada, e a discussão surge em todos os semestres: o plano abre porque a câmera recua sobre um trilho (o popular *travelling*), porque vai aumentando o ângulo de sua objetiva (o popular *zoom*), ou trata-se de uma combinação impopular das duas coisas? Existem argumentos para as três possibilidades. Talvez seja melhor escrever para o senhor Coppola perguntando.

Os biólogos também discutem acirradamente quais foram os passos necessários para que a evolução criasse o olho humano, que é tão maravilhoso quanto excentricamente projetado. Infelizmente, não há para quem escrever e perguntar a respeito. A psicanálise é uma engenharia reversa das perturbações mentais. A vida, diria um escritor de autoajuda, está cheia de engenharias reversas difíceis de decifrar. Eu continuo acreditando que estudar decupagem a partir de seus resultados práticos é bastante didático e torna a aula interessante. Talvez não seja muito. Talvez seja menos que nada. Mas é o que os professores de cinema têm.

A MORAL DO TIO JACK

Muito se falou e escreveu sobre a trajetória moral de Walter White, personagem principal da série *Breaking Bad*, mas, mesmo assim, faço o resumo da ópera: respeitável professor de Química, casado, com um filho adolescente e outro na barriga da mulher, descobre que tem câncer e que vai deixar a família em má situação financeira. Com a ajuda de um jovem ex-aluno, transforma-se num bem-sucedido fabricante de metanfetamina e, à medida que as temporadas passam, num criminoso.

Pouco se falou, porém, sobre a trajetória moral – bem mais curta – do Tio Jack, personagem secundário da quinta temporada. Tio Jack é um bandido clássico, sem qualquer nuance psicológica: cara feia, dentes sujos, suástica tatuada no pescoço e escrúpulos perdidos aos cinco anos de idade, quando quebrou a cara do primeiro guri que não lhe deu um troco pra comprar cigarro (isso não está na série; personagens secundários não têm direito a *flashback*).

Tio Jack, contudo, tem um código moral. Ao descobrir oito milhões de dólares enterrados por Walter White, manda que seus comparsas reservem um milhão para o ex-professor. O resto da gangue não gosta da decisão de Tio Jack, mas este responde: "Nós já temos sete. Por que vocês têm que ser tão ambiciosos?" O bandido com a suástica mostra que é capaz de um gesto altruísta.

Os governos e a mídia costumam dividir os participantes de manifestações políticas em dois grupos bem distintos: os ordeiros, pacíficos e democráticos cidadãos de bem (a maioria); e os desordeiros, violentos e mal-intencionados vândalos do outro (a minoria). Para os primeiros, pregou-se o direito à livre expressão. Para os segundos, bala de borracha e cassetete no lombo. Até aí, tudo bem. Repressão ao vandalismo faz parte do estado de direito.

No entanto, essa tentativa de traçar uma linha bem clara entre os dois grupos, na prática, não funciona. De vez em quando, um "cidadão de bem" que carrega um cartaz pedindo paz pega uma pedra e a joga na direção dos brigadianos. E, logo depois, um "vândalo violento" é capaz de proteger uma mulher caída, ameaçada pelas patas de um cavalo democrático. A natureza humana é um misto de Walter White e Tio Jack. E, quando quebra o pau, às vezes é a volátil reserva moral do Tio Jack que decide a nossa sorte.

O SURFISTA CADEIRANTE

Há certas coisas na vida que valem a pena, apesar de serem potencialmente perigosas. É o que sempre pensei antes de me atirar no público durante os *shows* d'Os Replicantes. Às vezes, quando a plateia estava especialmente compacta, dava umas voltas pelo salão, deitado, erguido por dezenas de braços desconhecidos. Não pensem que esse é um ato de insensatez, ou que é tão excepcional assim. Faz parte da tradição do *punk rock*, que criou até um pequeno glossário para identificar as possibilidades de expressão corporal do público e dos músicos.

O *pogo* – que dizem ter sido inventado por Sid Vicious nos primeiros *shows* dos Sex Pistols – é a dança que parece uma briga, cheia de encontrões, cotoveladas e eventuais botinadas. Tudo com boa educação, pra evitar que os empurrões dessa roda *punk* virem briga de verdade. É muito divertido. Recomendo. Atirar-se no público, dando um salto a partir do palco, chama-se *stage diving*. Aqui no Brasil, muita gente chama de *mosh*, mas parece que é um erro de tradução. Li recentemente que *mosh* é o nosso *pogo*. Antes de mergulhar, é bom ter certeza de que aquelas mãos erguidas vão mesmo te segurar. Recomendo. Com supervisão médica e o telefone da SAMU no bolso. Mas o movimento mais interessante é o *crowd surfing*. Surfar na multidão é estabelecer um pacto existencial com os espectadores: naquele momento, não há mais distância entre o músico e a plateia. Somos todos um mesmo corpo, agradecendo aos deuses do *rock'n'roll* a oportunidade de fazer uma poderosa catarse coletiva que não tem equivalente no mundo da música e da arte em geral. Também recomendo, sem contraindicações. Não exige prática nem habilidade. Só um pouquinho de coragem.

Claro, depois dos 50 anos não se faz as coisas como se fazia aos 24. Mas e daí? Melhor dois minutos de surfe na multidão do que dois anos vendo clipes no Youtube. Mas aquela noite especial, 9 de dezembro de 2013, tinha que apresentar alguma atração inédita. E ela veio durante a execução de "Surfista calhorda". De repente, olhei para a plateia e vi, erguido por dezenas de mãos, um cadeirante passeando pelo bar Opinião. Sorridente, provavelmente mais bêbado que os bêbados que sustentavam sua cadeira, ele erguia os braços, gritava e cantava. Depois de alguns segundos, mergulhou outra vez no oceano e não foi mais visto.

Não sei seu nome, nem de onde veio, nem se o ato foi planejado por seus amigos ou se foi resultado de uma iluminação súbita, mas nunca vou esquecer a imagem do surfista cadeirante. Agora, posso ficar mais uma dezena de anos me preparando para um *show* d'Os Replicantes. A banda terá 40, eu terei 64 e, independentemente da idade que ele tiver, vou querer ver o surfista cadeirante fazer suas manobras radicais outra vez. E Porto Alegre continuará a ensinar ao mundo um ou duas coisas sobre o sempre jovem espírito do *rock'n'roll*.

RECUPERAÇÃO DE SISTEMA

Comparar o cérebro humano a um computador é uma simplificação grosseira. Alguns processos mentais até podem ser equivalentes aos mecanismos digitais de uma máquina e algumas metáforas podem ser educativas, mas nenhum cérebro, e muito menos uma mente, funciona como um computador. Uma mente está ligada a um organismo biológico complexo, a um corpo, e essa ligação ainda tem muitos elos que a ciência precisa desvendar.

Certa vez, participei de um debate sobre o filme *The Wall*, em que condenei – sem qualquer argumento realmente científico, mas com uma sincera certeza humanística – o uso de eletrochoques no tratamento de perturbações mentais. Um grupo de médicos veio falar comigo e disse que meu discurso estava reforçando o *lobby* dos grandes laboratórios, pois, em alguns casos, o eletrochoque é mais eficiente, tem menos efeitos colaterais e é muito mais barato que certas pílulas amplamente adotadas. Lembro até hoje da metáfora de um dos médicos: "É como dar um Ctrl+Alt+Del no cérebro do sujeito. Quando ele 'liga' de novo, está melhor organizado". Não tenho a qualificação necessária para debater a validade da comparação e continuo achando o eletrochoque uma violência a ser evitada, mas confesso que a metáfora me fez pensar no tamanho dos mistérios que ainda temos a enfrentar nos dois mundos: o biológico e o digital.

Meu computador já teve seríssimas perturbações mentais. Em seu surto mais grave, ele parou de interagir normalmente com a sociedade. Recusava-se a responder aos comandos mais simples e, mesmo com uma dose maciça de Ctrl+Alt+Dels, permanecia calado, de olhos fechados, num tal estado de depressão que temi o pior: total perda de funcionalidade e de dados. Morte. Então, numa última e desesperada tentativa de medicação caseira, apelei a uma terapia chamada "Recuperação de sistema", que permite escolher uma data (no passado) e mandar o computador voltar para lá. É como o velho seriado *Túnel do tempo*, mas com menos efeitos especiais constrangedores. Escolhi, sem muita convicção, um dia qualquer de outubro e apertei as teclas necessárias. O computador emudeceu, aquela luzinha do HD ficou piscando esquizofrenicamente por uma eternidade e, quando a tela reapareceu, *bazinga!*, meu computador estava de volta, como um sujeito saudável e confiável. E assim se mantém até hoje.

Moral da história: no tratamento de cérebros perturbados, voltar ao passado e recuperar as configurações do sistema de quando ele funcionava direito é muito melhor do que ficar ligando e desligando o processador com choques aleatórios. Tá tudo resolvido. Aposentem psiquiatras e laboratórios médicos. Basta ter um túnel do tempo.

QUANTO CUSTA?
QUANTO DURA?

Nada dura para sempre, mas atingimos um grau absurdo de obsolescência programada. No início da década de 1980, quando comecei a fazer filmes na bitola 35mm – na época, o padrão profissional –, a câmera disponível no Instituto Estadual de Cinema era uma Arri IIC. Com a ajuda inestimável do grande fotógrafo Norberto Lubisco, de quem fui assistente em dois curtas, compreendi como funcionava aquele equipamento pesado e complicado (pelo menos se comparado às pequenas super-8) que foi desenvolvido na Alemanha pouco antes da Segunda Guerra para ser colocado nas asas de aviões de reconhecimento.

A Arri IIC utilizada em *Verdes Anos*, filmado em 1983, foi fabricada por volta de 1964. Já tinha, portanto, uns 20 anos de uso. Não tivemos qualquer problema com ela durante a produção, e a bela fotografia de Christian Lesage foi obtida com uma economia espartana de recursos que praticamente não oferecia a chance de refazer as tomadas. Dinheiro quase zero e erro quase zero. Essa mesma câmera foi utilizada em dezenas de outros filmes gaúchos nos anos seguintes e, com uma pequena revisão e lubrificação, certamente estaria pronta para voltar à ativa hoje, mais de 50 anos depois de fabricada.

Qual é a vida útil de uma câmera de vídeo dos nossos dias? E de um celular? E de um *notebook*? Você, leitor, tem algum equipamento eletrônico em uso há mais de cinco anos? Duvido. Eles saem da fábrica com o enterro e o velório já marcados. Perguntamos nas lojas quanto custa, mas ninguém pergunta quanto dura, porque sabemos a resposta: dois, três anos, no máximo. E ai de quem quiser resistir a essa ciranda geradora de milhões de toneladas de lixo eletrônico; consertar é sempre mais caro do que substituir, e peças de reposição só podem ser obtidas mediante pesquisa planetária.

Caminhamos, sem dúvida, para a efemeridade absoluta. Outro dia fui a um jogo do Grêmio e esqueci o radinho, o que só percebi na entrada do estádio. Um vendedor simpático oferecia radinhos a 15 reais, já com as pilhas e fones de ouvido. Bom preço. Um pouco temeroso, perguntei se o aparelho era confiável e se ele me garantia seu funcionamento durante todo o jogo. Ele sorriu e disse: "Garanto!" Fez uma pequena pausa dramática, voltou a sorrir e continuou: "Garanto os 90 minutos da partida. Agora... se tiver prorrogação e pênaltis, só Deus sabe..." Eu ri da piada, paguei os 15 reais e fui pro meu lugar. O radinho silenciou aos 20 minutos do segundo tempo e sua voz nunca mais foi ouvida.

CIVILIZAÇÃO

Em *Para ler o Ocidente: as origens da nossa cultura*, José Hildebrando Dacanal mostra que a civilização ocidental é resultado de três legados. Da Grécia, herdamos a socialidade e a racionalidade; de Israel, a moralidade e o individualismo; de Roma, o capitalismo e o estado de direito. É claro que não é tão simples assim, e, por isso, recomendo a leitura das 600 páginas do livro, que, por sua vez, são um guia para milhares de outras.

Dacanal tem alguns bordões ao longo do texto. Um deles é: "Civilização é repressão". Os gregos reprimiam o indivíduo para garantir a força da cidade-estado; os judeus inventaram o pecado para dar um jeito em nossos instintos animais; os romanos escreveram leis capazes de garantir que a grama do meu vizinho é mais verde, mas continuará a ser do meu vizinho, a não ser que eu a compre (de preferência, junto com o terreno). Toda essa repressão, como advertiu Freud, tem seu preço. E os preços das sessões de terapia e dos remedinhos de tarja preta costumam ser altos.

Enquanto isso, Edward O. Wilson, o decano zoólogo que criou a sociobiologia em 1975, lançou *A conquista social da Terra*. Para desespero de muitos de seus fãs (que incluem Richard Dawkins, de *O gene egoísta*), Wilson renega o poder absoluto do DNA e da seleção natural sobre os indivíduos para defender que toda espécie com um sistema social complexo (formigas e seres humanos, por exemplo) tem sua origem na seleção de grupos e na cooperação entre os indivíduos.

Assim, o que Dacanal chama de comportamento humano civilizado não seria resultado de milênios de interdições aos instintos animais, mas sim de um instinto desenvolvido por um animal social que descobriu a eficiência do trabalho coletivo, da divisão de tarefas e do respeito ao outro. Pecados, leis e sentimentos morais são consequências de arranjos sociais sofisticados. Gregos, judeus e romanos não construíram o Ocidente domando seres naturalmente violentos e imorais, mas sim selecionando os seres mais gregários.

Não há, é claro, uma verdadeira oposição entre os pensamentos de Dacanal e Wilson. Eles falam do mesmo fenômeno a partir de campos científicos bem diferentes. Talvez Dacanal esteja falando da tarefa civilizatória de impedir sabotadores da sociedade, enquanto Wilson descreve a ascensão natural de cooperadores sociais. Como escreve Wilson: "A seleção individual é responsável por grande parte do que chamamos de pecado, enquanto a seleção de grupos é responsável pela maior parte da virtude. Juntas criaram o conflito entre o anjo e o demônio da nossa natureza". Faz sentido.

DICAS DE PORTUGUÊS

Meu celular tocou. Eu estava muito atarefado, mas o número era de São Paulo (11), e achei que podia ser importante. Atendi. Uma gravação me advertiu que eu tinha uma mensagem e deveria apertar a tecla 1. Apertei. A voz de um certo professor me ofereceu dicas de português a um preço módico. Desliguei, com vontade de dar apenas uma dica para o professor. Imaginem que ele está segurando um celular. Daqueles antigos, maiores. Agora imaginem minha dica. É isso mesmo.

O *telemarketing* está atingindo níveis surreais de desrespeito e impunidade. Não, não quero ter informações sobre o mais novo lançamento imobiliário. Não, não quero trocar meu atual plano de telefonia celular. Não, não quero aproveitar as vantagens oferecidas pelo meu fornecedor de TV por assinatura. Não, não quero autorizar pagamento algum em débito automático. Não, não quero acessar qualquer novo conteúdo em *site* cultural, nem conhecer uma nova loja, nem fazer curso de inglês, nem trocar meu perfil de investimentos... NÃO QUERO NADA!

Quero decidir minha própria vida. Quero manter distância de publicidade invasiva. Aquela publicidade à qual somos obrigados a assistir quando pagamos a entrada para ver um filme no cinema. Aquela que torna os intervalos da TV paga insuportavelmente longos. Aquela que desfigura a cidade com *outdoors* imensos e horrorosos. Aquela que invade nossos celulares, nossas caixas de correspondência digital e nossas vidas sem pedir licença e puxa conversa sobre como não pagar as multas de trânsito. Se isso não é ilegal, não sei mais o que é.

Se a publicidade nos ajuda a escolher o melhor produto, se ela pode ser criativa, defender boas causas, atacar a intolerância, promover o debate político e nos fazer pensar, se tudo isso é verdade, mesmo assim ela perde todos os seus pontos ao me atacar covardemente. Quando entro num *site* comercial, quando compro um jornal, quando ouço rádio, quando assisto à TV aberta, estou automaticamente me colocando num espaço de publicidade. Sei que ela está ali e posso conviver com ela. Posso até gostar dela. Meu problema é com gente inescrupulosa, mal-educada e que ainda quer dar lições de português. Me deixem escrever mal e errado! Se o professor me ligar outra vez, vou a São Paulo com meu celular de 1993 pra dar a dica que ele merece ouvir e sentir.

O PASTOR, A XUXA E KHOURI

Em meados de 2014, aconteceu uma polêmica entre um deputado-pastor-socialista – estranhíssimo ser, que certamente não é resultado da seleção natural – e a Xuxa, envolvendo uma lei que trata da violência doméstica contra crianças. O maior prejudicado foi um dos nomes mais importantes da história do cinema brasileiro: Walter Hugo Khouri (1929-2003). Conforme publicou o jornal *O Dia* em 5 de maio de 2014, o pastor afirmou que Xuxa, como atriz de *Amor estranho amor* (1982), "estava participando de filmes pornôs com cenas de sexo explícito com uma criança de 12 anos". Ou o deputado não sabe o significado das palavras "pornô" e "explícito", demonstrando, assim, a sua ignorância abissal, ou sabe e está mentindo descaradamente. Nesse caso, quando partir para aquele distante país do qual ninguém jamais retorna, corre o risco de morar para sempre no inferno em que acredita.

Amor estranho amor é a história da iniciação erótica de um menino no bordel elegante dos anos 1930 no qual vai morar. Sua mãe, vivida por Vera Fischer, é prostituta e amante de um político. Xuxa interpreta uma colega de sua mãe e, com um desempenho dramático até razoável, inicia o jovem nas artes do amor. Não há pornografia. Não há sexo explícito. Não há nada além da temática que Khouri desenvolveu em 25 longas-metragens. Talvez o pastor julgue que é imoral contar uma história sobre um menino que desperta para o sexo. Talvez ele ache que os meninos não deveriam despertar nunca para o sexo, o que exigiria uma adaptação rápida da espécie humana para a mesma estratégia das bactérias, que se reproduzem repartindo-se em duas. Talvez o pastor possa nos ensinar, na prática, essa nova técnica no plenário da Câmara.

O desserviço à memória de Khouri, contudo, não pode ser todo debitado na conta do pastor. A própria Xuxa contribuiu para a confusão ao mover mundos e fundos na tentativa de impedir o filme de circular, por razões que não temos espaço aqui para debater. Na verdade, ela deveria ter orgulho de ter filmado com um dos maiores diretores do nosso cinema, que sempre fez filmes sobre um assunto sério e dramático. A nudez de Xuxa, ao lado de um jovem ator de 12 anos (que confessou, já adulto, sua predileção por Vera Fischer e Matilde Mastrangi), contribuiu para a realização de uma obra de arte. O resto é ignorância, falso moralismo e fundamentalismo religioso, que tanto mal faz à cultura e à saúde dos seres humanos de todas as idades.

NÓS E ELES

No início do século XXI, a Alemanha continua refletindo sobre o conjunto de fenômenos sociais e econômicos que permitiram o surgimento do nazismo e do Holocausto. Centenas de livros já foram escritos examinando dados culturais criados pelo próprio homem em sua trajetória histórica recente. Nos últimos anos, contudo, novas explicações para a barbárie têm aparecido, e desta vez, em outro campo: o da natureza humana em suas bases psicobiológicas.

Os filmes *A Experiência* (2001), de Oliver Hirschbiegel, e *A Onda* (2008), de Dennis Gansel, ambos realizados na Alemanha, são bons exemplos dessa perspectiva. Basicamente, são histórias de seres humanos "normais" artificialmente divididos em dois grupos. Em *A Experiência*, são os guardas e os prisioneiros. Em *A Onda*, os estudantes uniformizados (*jeans* e camiseta branca) e os não uniformizados.

Em pouco tempo, pessoas que conviviam sem qualquer problema (os estudantes de *A Onda*) ou que não tinham qualquer animosidade pregressa (os voluntários de *A Experiência*) estão afogadas em ódio extremo e são capazes de cometer atos violentíssimos contra o grupo rival. Nós contra Eles. A rapidez com que um ser humano racional e civilizado é absorvido por esse esquema maniqueísta está programada em nosso genoma. Hitler e Goebbels sabiam o que estavam fazendo ao criar a oposição Nós (arianos) e Eles (judeus). O mesmo esquema foi desdobrado para atacar negros, homossexuais, ciganos e doentes mentais. Mas é sempre Nós (nosso grupo) e Eles (o outro grupo).

Eu poderia dar outros exemplos, mas acho que a ideia básica está clara e explica a falência do controle das torcidas de clubes de futebol através da crescente segregação, que começou com a separação física nas arquibancadas, evoluiu para o isolamento total dos torcedores, que não se encontram nem no caminho para os estádios, e atingiu o clímax com as partidas de torcida única.

Tá tudo errado. Estamos reforçando o esquema Nós e Eles. Estamos alimentando o ódio. Estamos fortalecendo o sentimento que leva um ser humano racional (do grupo Nós) a arrancar uma privada e jogá-la na cabeça de outro ser humano racional (do grupo Eles). Estamos incentivando a criação de assassinos. Uma política de segurança pública eficiente deve fazer o contrário: impedir a segregação, forçar a mistura dos grupos, exigir que os Nós estejam diluídos nos Eles.

ELES ENTRE NÓS

Não importa o motivo da divisão – geográfico, histórico, religioso ou étnico –, no velho esquema "Nós e Eles", a tendência é que os indivíduos de um lado odeiem os indivíduos do outro. Não temos controle consciente sobre esse ódio. Admitir essa característica da natureza humana é o primeiro passo para combatê-la.

O racismo, por exemplo, o mais odioso dos sentimentos humanos, tem origem na separação geográfica da espécie humana em regiões que não se comunicavam geneticamente. Na verdade, todas as raças humanas são praticamente a mesma coisa, e as diferenças de cor da pele ou tipo de cabelo são ridiculamente pequenas e tendem a simplesmente desaparecer agora que o transporte barato e a globalização permitem um número crescente de uniões entre pessoas "diferentes". O problema é que isso vai levar algum tempo, e temos pressa para evitar os massacres recorrentes.

As mortes em partidas de futebol cresceram nas últimas décadas à medida que as autoridades tentaram impedir o contato entre as torcidas. A solução é exatamente o contrário: fazer com que Eles estejam entre Nós. Vimos isso acontecer na Copa de 2014, quando gremistas e colorados devidamente uniformizados caminharam juntos até o estádio e assistiram aos jogos lado a lado. "Não é a mesma coisa", dirão logo os mais cautelosos. Eu concordo. Não podemos ser ingênuos. A segurança, em qualquer espetáculo que envolve milhares de pessoas, deve ser sempre máxima. Segurança é pré-requisito, e não solução.

Ainda em 2014, propus o seguinte: duplas de torcedores uniformizados (casais, namorados, amigos, vizinhos, colegas de escola ou de trabalho) – obviamente, um do Grêmio e um do Inter – iriam para o estádio e assistiriam ao jogo lado a lado. É óbvio que, em alguns locais, isso seria impossível. Caberia aos clubes, à Federação e aos órgãos de segurança determinar onde seres humanos com camisetas de cores distintas poderiam exercer seus direitos de ir e vir e de se manifestar livremente durante uma partida de futebol. Também propus começar com um "cercadinho" para 200 duplas, e aumentar pouco a pouco. Prometi levar pra Arena o namorado da minha filha, colorado roxo. E perguntei: "Será que isso é uma utopia? Ficção científica? Com a palavra, quem decide. Eu só sugeri".

Hoje, em 2018, a torcida mista é uma realidade. Ela não só funcionou como contribuiu para criar um clima mais ameno nos estádios. Espero que o "cercadinho" cresça cada vez mais. Nós e Eles em paz, lado a lado, é uma vitória da civilização sobre nossos instintos mais nocivos.

QUEM PERDOA POLANSKI?

Os Estados Unidos não perdoam Roman Polanski. Ele não pode entrar no país desde 1977, quando foi acusado pelo estupro de Samantha Geimer, 13 anos, numa festa na casa de Jack Nicholson, e fugiu para a França. Polanski, então com 43 anos, admitiu que deu champanhe e drogas para a menina, mas afirmou que o sexo foi consensual. As autoridades americanas não engoliram a desculpa – que, convenhamos, é muito frágil – e o condenaram à prisão. Em 2013, a própria Samantha afirmou, durante o lançamento de seu livro de memórias, que perdoou o cineasta "há muito tempo".

Os filmes de Polanski, contudo, não precisam de passaporte, e há uma distinção nos EUA entre banir o artista e impedir sua obra de circular. Aliás, os americanos sempre foram muito práticos a esse respeito. Quando, no começo dos anos 1940, precisaram aprender rapidamente a fazer filmes de propaganda de guerra, o general George Marshall chamou Frank Capra e mostrou para ele uma cópia do proibido *O triunfo da vontade* (1934), de Leni Riefensthal, documentário encomendado por Hitler para mostrar a força do nazismo. Era só copiar direitinho. Essa "adaptação" virou a bem-sucedida série de cinejornais *Why we fight*.

O filme de Polanski – *Venus in fur* – é uma adaptação para o cinema da peça de David Ives; por sua vez, baseada na obra homônima de Sacher-Masoch, escrita em 1870. Uma cópia da cópia, coisa bastante comum desde a Grécia clássica. A grande questão é o talento de quem copia. Polanski, mesmo banido do território norte-americano, ainda consegue fazer triunfar sua vontade e refletir sobre a sua própria existência enquanto homem e artista. Essa é a grande qualidade do filme, que se soma às atuações fantásticas de Emmanuelle Seigner e Mathieu Amalric.

Polanski nos faz pensar na relação de dominação entre os gêneros masculino e feminino. A trama nos apresenta uma mulher aparentemente frágil e atrapalhada que, aos poucos, vai mostrando sua força. As referências ao estupro da vida real são sutis, mas suficientes para quem acompanha a trajetória do cineasta. *Venus in fur* é um dramático mea-culpa de Polanski, que tem seu clímax com o inesperado discurso feminista radical inspirado pela peça *As bacantes*, de Eurípedes. Neste tempo de falência das grandes narrativas, em que o marxismo e a psicanálise buscam desesperadamente manter algum espaço na explicação do mundo, o brado das adoradoras de Dionísio ainda se mantém poderoso e revelador. E esse brado é colocado na tela por Polanski, um homem que estuprou uma menina de 13 anos. A menina o perdoou. Eu também. E você, cara leitora?

COMPRA-SE POLÍTICA

Vou explicar como funciona uma campanha política. Há um candidato ou candidata com ideias para administrar o estado ou o país. Alguns não têm ideia alguma, mas vamos ser otimistas: estes costumam ser tão desastrados quando chegam ao poder que não se reelegem. Há um grupo de políticos profissionais e amadores do mesmo partido do candidato (ou da coligação da hora) que elaboram um plano de governo cheio de belas propostas para apresentar ao público. Eles também acompanham o candidato em suas andanças e opinam sobre o que ele deve dizer e fazer. Alguns não têm a menor ideia do que se deve dizer e fazer. São os que mais opinam.

Há um grupo de profissionais de comunicação – formados em Publicidade, Jornalismo, Relações Públicas e Produção Audiovisual, mais os cunhados de alguns deles – que têm a tarefa de elaborar os programas de TV e rádio, cada vez mais decisivos na definição dos rumos da campanha, além das toneladas de lixo espalhadas na rua na forma de cartazes, bonecos e outras manifestações gráficas caras e horrorosas. Há um grupo de arrecadadores de dinheiro ligados aos partidos para pagar todo esse lixo, mais o pessoal do rádio e da TV, e explicar por que o pagamento está atrasado. Alguns ficam explicando durante anos. Ou colocam seus cunhados para explicar. Ou param de explicar.

E há um grupo de profissionais de *marketing*, com seus respectivos cunhados, que vão fazer tantas pesquisas de opinião pública quanto o dinheiro do caixa da campanha permitir, para saber exatamente o que o eleitor quer ouvir de modo a ganhar o seu voto. Essas pesquisas são quantitativas (as mais comuns, de eficiência muito discutível) e qualitativas (as que mais importam na elaboração dos programas). Mede-se cientificamente, através de grupos estratificados por faixa etária, condição social e inclinação ideológica, o que o eleitor precisa ver e ouvir para votar no candidato certo. Ou errado, é claro. Não faz diferença.

Há reuniões entre todos esses grupos, raramente com a presença do candidato, para verificar se o rumo está certo, de acordo com as pesquisas e com "a intuição que vem das ruas". Sempre que as pesquisas apontam que está dando errado, muda tudo, ou quase tudo, e a intuição que se dane. Os cunhados permanecem, porque eles ganham menos. O Brasil não inventou essa forma de fazer política. Copiamos tudo da maior democracia do mundo. Sei que não há sistema melhor, mas tá na hora de inventar outro.

400 CARACTERES A MENOS

O mundo dá voltas. O jornalismo também. Em 1980, ainda no último ano da faculdade, fui trabalhar na *Folha da Tarde* por indicação de meu professor de Redação, Tibério Vargas Ramos. Ao lado de Nilson Mariano, hoje repórter famoso e autor de várias matérias históricas, entrei nos *Cadernos Regionais*, que eram comandados por Benito Giusti. A nossa equipe ainda tinha os editores Malu e Schuch; um repórter que tinha vindo da editoria de polícia, Arzelindo Ferreira, hoje conhecido como Jimi Joe; o diagramador Suíço, homem de poucas palavras e muitos traços precisos; e, um pouco mais tarde, Mário Rocha. Por exatamente um ano, aprendi muito com eles e com Antoninho Gonzalez, secretário de redação da *Folha*. Nesse meio-tempo, descobri como era bom fazer filmes, e aí o repórter saiu de campo para a entrada do cineasta.

Quando comecei a escrever no jornal *Zero Hora*, meu texto podia ter até 2600 caracteres. Depois, o limite baixou para 2200. São 400 caracteres a menos.

Na *Folha* era um pouco diferente. O Benito me chamava, explicava qual era a pauta, me entregava um bloco de notas e encomendava: "12 laudas". Para me incentivar a fazer um bom serviço, acrescentava, às vezes: "A página central é tua. Assinada!" E eu partia na Kombi com a tarefa de entrevistar algumas pessoas sobre assuntos candentes, como uma exposição de cachorros em Taquara, ou um cano de esgoto estourado em Cachoeirinha, para depois escrever a página central dos *Cadernos Regionais*.

Uma lauda tem aproximadamente 1400 caracteres. Minhas matérias, portanto, tinham uns 17 mil caracteres. 17 mil! Hoje, quando chego ao terceiro parágrafo e passo dos 1800, já começo a pensar na frase final. É difícil. Por culpa do Benito e da minha admiração pelas 801 páginas de *A montanha mágica*, de Thomas Mann, não tenho boa capacidade de síntese. É muito difícil dizer qualquer coisa com 2200 caracteres. Por isso, tenho saudade dos 400 caracteres que se foram. Sonho com eles. Tive um pesadelo em que o Benito me disse: "Hoje é meia lauda. E assinada!"

E pronto. Acabou.

AS MENINAS DA VOGUE

O ensaio "Sombra e água fresca", na *Vogue Kids* de setembro de 2014, exibiu fotos de meninas cuja idade é difícil precisar, mas deve ser em torno de nove ou dez anos, vestindo roupas que são definidas como um "*look* perfeito para tardes preguiçosas à beira-mar". Elas estão lindamente maquiadas e, devido ao modo com que posam e olham para a câmera, contrastam violentamente com as outras fotos do encarte, que seguem o estereótipo da "criança inocente e feliz". O ensaio provocou uma chuva de críticas na internet. No momento em que escrevo (setembro de 2014), há uma ordem judicial para a retirada da revista das bancas. A acusação é de que as fotos incentivam a pedofilia e colocam as modelos numa situação que afronta o Estatuto da Criança e do Adolescente. Será?

Não vou responder. Prefiro pensar em ética em vez de pensar no Estatuto. Numa visão ética libertária, apenas a pessoa diretamente envolvida com os fatos pode dizer se foi prejudicada. O problema é que as crianças são menores de idade. De qualquer maneira, eu gostaria de ouvi-las. Com dez anos, qualquer criança pode dizer o que está sentindo. Basta prestarmos atenção. Numa visão paternalista, devemos considerar as opiniões dos responsáveis legais, no caso, pais e mães das crianças. E mais ninguém. Não li declarações dos pais e das mães. Suponho que acompanharam a realização do ensaio. Gostaria de ouvi-los também.

Finalmente, numa visão moralista, não interessam mais os direitos dos indivíduos, ou dos seus responsáveis legais, o que vale é o que a sociedade pensa das ações em si. Foi o que aconteceu. Um juiz, representando a sociedade, determinou que as fotos não podem circular. Até aí, tudo bem. Mas quem levou o juiz a agir dessa maneira? As breves matérias da imprensa profissional citam à exaustão "blogueiras" e falam de uma "polêmica que invadiu a internet". Pequenos *sites* que vivem de fofocas e escândalos, no horroroso esquema copiar e colar, se transformaram na "voz da sociedade". Não tenho opinião formada sobre as fotos da *Vogue*, mas tenho sobre esse tipo de "jornalismo": é lixo. E, com toda certeza, com sua moral de cabaré, prejudicou imensamente a imagem das pequenas modelos. Tá faltando jornalismo de verdade no Brasil.

ILUSÕES DE INTERATIVIDADE

Interatividade é a palavra de ordem na comunicação. Jornais, rádios e TVs afirmam que o leitor, o ouvinte e o espectador devem abandonar a antiga passividade e participar da construção dos conteúdos, além de opinar sobre tudo que acontece. Eu sei que a interatividade é bacana e está na agenda de todas as empresas de comunicação como ponto estratégico número um, exigindo pesquisa e investimentos. Só tem um detalhe: ela tem que ser verdadeira.

No começo dos anos 2000, li um artigo chamado *Dissimulações: ilusões de interatividade*, de Andy Cameron, pesquisador universitário falecido em 2012. Ele afirma que grande parte do que chamamos de interatividade não passa de uma coleção de baboseiras feitas para enganar o freguês. E mais: que a narratividade – e o que é o jornalismo, além de uma narrativa sobre os fatos? –, em sua essência, é o contrário da interatividade. Se alguém quer interação, que vá tomar uma cerveja com um amigo no bar ou que vá jogar qualquer coisa. Conversas de bar e jogos são experiências interativas. Uma história (jornalística ou não) exige interpretação, feita individualmente por quem a ouve, lê ou assiste.

O sucesso do Facebook (FB) é corretamente creditado à sua vocação interativa. Quem o utiliza quer sempre dialogar com seus amigos. Muitos deles não passam de desconhecidos, mas quem se importa? O FB é um jogo planetário entre pessoas que falam qualquer coisa para qualquer um. É uma nova e importante forma de comunicação interpessoal. Mas não pode ser modelo para o jornalismo. É duro ouvir a opinião de torcedores de futebol na saída dos estádios e pesquisas "interativas" baseadas em ligações telefônicas. Cresce o império das mensagens curtas e incompreensíveis, enviadas por pessoas que deveriam estar trabalhando ou estudando, mas que preferem opinar sobre o que não conhecem ou mandar um abraço pro vizinho. O futuro chegou ao jornalismo. Ele é interativo e assustadoramente ilusório.

FLASHBACKS

O *flashback* não foi inventado pelo cinema. Ele é bem mais antigo. Em *Édipo Rei*, de Sófocles, a ação acontece durante um só dia em frente ao palácio de Tebas, mas, quanto mais a trama avança, mais sabemos sobre certos eventos que aconteceram no passado, envolvendo o pai e a mãe de Édipo. Não vou contar porque seria um *spoiler*. O enredo tem mais de vinte e cinco séculos, mas tem gente que ainda não sabe o final.

Quando Pasolini filmou seu Édipo, colocou tudo na ordem cronológica, ou seja, eliminou os *flashbacks*. O resultado é interessante, porque reorganiza toda a cadeia de causas e efeitos. A peste, que está logo no início da peça de Sófocles, agora está logo depois da cena em que Édipo fica a sós com Jocasta e... Bom, contar seria mais um *spoiler*. E, depois da reação à minha coluna sobre as meninas da *Vogue*, é melhor me manter distante de tabus. Vamos em frente.

Lembro do comentário de uma senhora de certa idade que assistia a *Pulp Fiction* na fila atrás de mim no Cinema Scala ao ver John Travolta caminhando pela rua, lá pelo terço final do filme: "Tá errado! Esse moço já morreu". O *flashback* tem este pequeno problema: vinte e cinco séculos depois, ainda pode ser mal interpretado por senhoras de certa idade. Parece que alguns fãs de *Lost*, mesmo jovens, enfrentaram o mesmo problema.

Em compensação, é famosa a história de uma sessão de um filme de Godard em Porto Alegre, lá no final dos anos 1960, em que todos saíram falando da montagem revolucionária que fazia a história dar saltos para frente e para trás com uma agilidade incrível. Estavam tão entusiasmados que o projecionista preferiu não revelar no fim da sessão que trocara a ordem dos rolos.

Finalmente, tem aquela opinião definitiva do grande diretor Carlos Manga sobre o *flashback*. Ele acabara de dizer que queria uma adaptação do romance *Memorial de Maria Moura*, de Rachel de Queiroz, que lembrasse o filme *Era uma vez no Oeste*, de Sérgio Leone. Enquanto nós assimilávamos a encomenda, perguntamos, para ganhar tempo, o que ele achava de fazer uns *flashbacks* na trama. Ele nos olhou, bem sério, e disse: "Meninos, *flashback* é coisa de comunista". E nos serviu mais uma dose de Cutty Sark para abrir o apetite antes do almoço.

A TV FOI PRO CÉU

Desde que vi *Cidade das Ilusões*, em meados dos anos 1970, considero John Huston meu grande herói de Hollywood, enquanto Eric Rohmer, desde *O Joelho de Claire*, é meu grande herói do resto do mundo. Entre o cinema norte-americano e o francês, prefiro os dois. Minha admiração por Huston cresceu depois de ler sua autobiografia, *Um livro aberto*, e a grande reportagem de Lilian Ross sobre seu maior fracasso, *A glória de um covarde*, chamada simplesmente *Filme*. Quem quiser saber como é o mundo do cinema – em especial, esse mundinho cheio de admiráveis canalhas que, a partir de um bairro de Los Angeles, dominam o planeta – deve ler essas duas obras.

Lillian Ross flagrou a opinião de Huston sobre o novo meio eletrônico de expressão audiovisual que, nos anos 1940, começava a roubar milhões de espectadores das salas de cinema: "É simples, nós vamos fazer filmes e passá-los na televisão, isso é tudo. Que a televisão vá para o inferno!" A maioria dos cineastas pensava como Huston. A TV não criou uma nova linguagem, de modo que contar uma boa história com imagens em movimento e som sincronizado continua sendo o mais importante. O resto é papo furado acadêmico.

Recentemente, terminei de assistir ao último episódio de *Os Sopranos*. Sei, estou terrivelmente atrasado, mas agora posso dizer, depois das seis temporadas e das seiscentas brigas de Tony com Carmela, entremeadas por algumas dezenas de assassinatos de parentes e amigos (qual é a graça de assassinar um inimigo?), que meu ídolo John Huston estava errado. A televisão não foi para o inferno.

A TV, desde os anos 1990, conta histórias tão bem quanto o cinema, com uma característica peculiar: suas histórias podem ser muito mais longas. No final de *Um livro aberto*, Huston pergunta para si mesmo: "O que você faria ou deixaria de fazer se tivesse que começar tudo de novo?" E responde: "Passaria mais tempo com meus filhos. Ganharia dinheiro antes de casar. Aprenderia a apreciar os prazeres do vinho em vez das bebidas mais fortes. Não fumaria cigarros quando tivesse pneumonia. Não casaria pela quinta vez". E eu acrescentaria: "Não xingaria a TV antes de ver *Os Sopranos*".

OBRIGADO, MEUS VELHOS

O músico canadense Leonard Cohen, um dia depois de completar 80 anos, lançou um CD chamado *Popular Problems*. Diz a lenda que, no início dos anos 2000, Cohen tinha desistido de compor e cantar, trocando estúdios e *shows* por uma vida meditativa no Tibete. Em 2004, contudo, ficou sabendo que sua empresária (e amiga de muitos anos) tinha limpado todas as suas contas bancárias. Cohen foi obrigado a trabalhar duro outra vez e, assim, sua carreira prosseguiu firme e forte por mais 10 anos. Considerando o seu merecido sucesso, vai seguir adiante por um bom tempo.

Eric Rohmer fez seu último filme em 2007, aos 87 anos. *Os amores de Astrée e Céladon* foi o ponto final de uma carreira extraordinária, com mais de 50 filmes e especiais para a TV. No *making-of* de *Conto de Verão* (1996), Rohmer pode ser visto declamando Rimbaud para testar microfones enquanto atravessa uma rua de um lado para o outro. Parece um guri, e já tinha 76 anos. John Huston fez *Os Morto*s com 81, numa cadeira de rodas e inalando oxigênio. Seu corpo estava mal, mas sua mente continuava brilhante, tanto que o filme é uma obra-prima.

Leni Riefenstahl – e aqui peço que sua carreira cinematográfica seja considerada acima de sua figura política – lançou seu lindo filme *Impressões submarinas* em seu aniversário de 100 anos. Para fazer o filme, Leni tornou-se a mais velha mergulhadora da história. Alguns anos antes, sobrevivera a uma queda de helicóptero no Sudão. Há muitos outros exemplos. Picasso, com 90 anos, continuava pintando e inventando vanguardas. Outro dia, vi Monarco, com 82 anos, comandando um *show* da Velha Guarda da Portela. Manoel de Oliveira continua fazendo filmes com 105.

Esses homens e mulheres provam que a arte pode ser praticada enquanto houver energia e saúde, independente do que dizem os calendários. Seus exemplos são inspiradores para quem ultrapassou a barreira dos 50 e, de vez em quando, pensa que o melhor da vida já passou. Obrigado, meus velhos. Ao contrário de Paulo Francis – que bradava "Envelheçam!" para os mais jovens –, Cohen, Rohmer, Huston, Leni, Picasso e Monarco gritam para todos nós, já veteranos e um pouco cansados: "Rejuvenesçam!"

OUTRAS SABEDORIAS

Alguns dias no sul da Índia, saindo da rotina ocidental e fugindo de seus saberes ainda tão positivistas, me fizeram pensar nas limitações da nossa cultura, que parte de riquíssimas raízes gregas, romanas e judaicas, mas que hoje está nas mãos de algumas derivações europeias e anglo-saxônicas às vezes bem limitadas e colonialistas. O mundo é muito maior do que o mapa de artes e ciências desenhado em nossas escolas, que ignora três continentes inteiros. Na verdade, pintamos a África e o Oriente como lugares em que não há nada para aprender, cheios de gente que deveria aprender conosco. Ou como destinos exóticos para turismo. E aí esquecemos que há outras sabedorias no mundo, outras formas de viver e relacionar-se com a natureza, outras opções para explicar os mistérios que cercam a humanidade.

Os critérios de validação da sabedoria do Ocidente são estritos. Como cansam de avisar os acadêmicos que dominam um campo de pesquisa, se um determinado conhecimento não foi submetido a um teste duplo-cego, não se trata de ciência, mas sim de enganação. Por incrível que pareça, ainda há desconfiança em relação à homeopatia, que tem raízes ocidentais e cura pessoas há mais de dois séculos. Eu, que já escapei de duas cirurgias – uma no joelho e uma no ombro – com tratamento homeopático, declaro que essa não ciência funciona bem, é mais barata e tem menos riscos que um bisturi na ponta de uma câmera. E, entre uma pomada de arnica e um antinevrálgico cheio de substâncias químicas altamente tecnológicas, é melhor começar com a arnica. Não se trata de fundamentalismo, nem de um ataque tardio de "hippismo". Trata-se de aproveitar outras sabedorias.

No começo de 2015, fiz meu segundo Panchakarma – uma limpeza do organismo que consiste em sessões de massagem com óleos vegetais e vários outros procedimentos bem distantes da medicina ocidental – e um curso de Ashtanga Yoga, com praticantes de vários países. Não são atividades fáceis. Exigem disciplina e uma certa dose de sacrifício. Mas o contato com essas outras sabedorias me fez bem. Minha mente, viciada pelo Ocidente, ainda insiste em desconfiar, mas meu corpo, depois de muito óleo e muito suor, agradece ao Oriente e pede mais.

EM DEFESA DA RELIGIÃO

A religião, ou o sentimento de que o universo não está limitado à matéria (e à antimatéria), não é algo intrinsecamente ruim. Pelo contrário, a religião está na origem do que chamamos de humanidade, quando alguns macacos bípedes e de cérebro especialmente bem estruturado ganharam a capacidade de imaginar coisas. Todo tipo de coisas. Uma caçada melhor amanhã se a presa for desenhada na parede da caverna. Uma força sobrenatural a ser invocada para encontrar uma saída rápida se a presa, de repente, virar predador. Uma vida depois da morte se a tal força sobrenatural não conseguir intervir a tempo.

A religião está nos primórdios da arte e se confundiu com ela por muito tempo. Está nos primeiros passos da convivência social, como força de coesão para o grupo. E está na esperança de que haja alguns bons programas turísticos lá naquele país de que jamais se retorna. Se nossos antepassados, na savana africana, fossem ateus ou materialistas dialéticos, provavelmente teriam voltado para as árvores, nas quais uma dieta de bananas de verdade nunca seria substituída pelos desenhos de bananas de Andy Warhol.

Os detratores da fé costumam escrever uma longa e terrível coluna listando tudo de ruim que já atingiu o mundo devido à religião, mas geralmente esquecem da coluna das coisas boas, que inclui as obras de Bach. Parece pouco? É que talvez você não tenha escutado Bach o suficiente. Mas cada um pode listar o que quiser. Não é assim tão difícil. Se a obra é cultural, se é imaginativa, é, de algum modo, também espiritual.

Na grande manifestação de 11 de janeiro de 2015 em Paris, alguém segurava um cartaz com os dizeres "O Islã é paz, não é barbárie". As religiões, em sua grande maioria, acreditam que seus fiéis devem buscar a paz e praticar o bem, divergindo, é claro, sobre o que significa o "bem". Diversidade e volubilidade em avaliações morais são características fundamentais da humanidade, assim como liberdade de culto e tolerância com manifestações religiosas são princípios de convivência em qualquer democracia. Terrorismo é praticado por terroristas. Gritar "Alah é grande" enquanto o dedo aperta o gatilho é falta de religião, é falta de imaginação e é falta de humanidade. Os terroristas deviam subir de volta para as árvores.

SOLO DE BATERIA

O filme *Whiplash – em busca da perfeição* conta a velha história do jovem artista que, em seus decisivos anos de formação, encontra um mentor para conduzi-lo ao sucesso, passando, antes, por um calvário de dores físicas e psicológicas. Nessa história em particular, um baterista de *jazz* inscrito numa escola de música de Nova Iorque enfrenta um maestro despótico e desumano que teria a suprema qualidade de identificar a perfeição técnica e artística de uma execução musical. Submetendo-se ao mestre sádico, o baterista demonstra não só sua inocência – quem disse que o professor sabe o que é perfeição? – como também sua natureza masoquista. Até aí, tudo bem: a humanidade é pródiga nesses jogos de poder e vassalagem.

O que me incomoda no filme é a sua conformidade com o conceito de perfeição musical do professor, que mistura a exatidão de um matemático de Cambridge, para ler partituras complicadíssimas, com o preparo físico de um corredor jamaicano, para manter a velocidade máxima durante a execução. O baterista perfeito teria a cabeça de Stephen Hawking e os membros de Usain Bolt. Que bobagem! Se boa música dependesse disso, quase todos os músicos teriam que fazer outra coisa na vida. Praticar muito e superar limites são necessidades de qualquer artista, mas o herói de *Whiplash* confunde seus desafios com uma visão boboca do que é "tocar bem". Em seu quarto, há um *poster* na parede: "Quem não tem habilidade toca *rock*". Poderia ser ironia. Não é. E aí o filme pisou nos meus calos de ex-baterista.

A boa técnica é necessária para fazer surgir uma obra de arte, mas ela não é garantia de nada. Arte é combinação de muitos elementos, alguns deles fora do alcance de medições científicas, e não pode ser alcançada apenas com uma mente brilhante e obstinada. Não defendo uma visão romântica da arte, aquela que depende do "gênio". Defendo que a arte, além de esforço intelectual, exige coragem para buscar caminhos diferentes ou, mesmo dentro das convenções, dizer algo novo sobre o mundo que faça pensar e desperte emoções. *Whiplash*, ao contrário de mostrar o nascimento de um artista, celebra a coisa mais chata de toda a história da música: um solo de bateria tecnicamente perfeito.

A DERRADEIRA CORRIDA ARMAMENTISTA

Um dos aspectos mais interessantes da evolução biológica é a corrida armamentista. Duas espécies, uma atuando como predador e a outra como presa, desenvolvem características cada vez mais impressionantes para alcançar seus objetivos: matar para comer, de um lado; fugir para não ser comido, do outro. Exemplo clássico é o embate entre guepardos e antílopes. O guepardo é o animal terrestre mais rápido do mundo, alcançando uma velocidade de 110 km/h. Os antílopes são capazes de acelerar até 100 km/h. Milhões de anos de seleção natural se passaram para que guepardos e antílopes, sempre competindo em provas de vida ou morte, adquirissem suas estruturas aerodinâmicas espetaculares.

Uma outra corrida armamentista, contudo, é bem mais dramática para a espécie humana, ou pelo menos para seus representantes que, no verão, vão para a praia, *habitat* de um animal tão sedento de sangue quanto o guepardo: o perigosíssimo mosquito.

Tudo começou, pelo que me lembro, em Capão da Canoa nos anos 1960, quando, no final da tarde, minha mãe enchia um borrifador metálico com veneno malcheiroso (o famoso Flit). Eu ia de quarto em quarto, deixando em cada ambiente uma nuvem mortal para os mosquitos. O problema é que a nuvem poderia ser mortal também para nós, humanos, e o Flit foi aposentado.

A corrida continuou com o uso de *sprays*. Lembram-se do que dizia ser "Terrível contra os insetos. Mas só contra os insetos!"? Parece que não era bem assim, como atestam as advertências nas embalagens atuais. Nas últimas décadas, a humanidade evoluiu para pequenos tabletes que são aquecidos eletricamente durante toda a noite. Quase não têm cheiro, e, no começo, os mosquitos pareciam ser dizimados. Mas, como em toda corrida armamentista, a espécie que está perdendo evolui, o que leva a outra espécie a também evoluir, e assim por diante. Resultado: no último verão, eram necessários dois tabletes por noite. No próximo, nem três resolverão. Para vencer, talvez tenhamos que voltar aos Flits com DDT, o que provavelmente decidirá de uma vez a corrida, e os mosquitos herdarão a Terra, pois vamos todos morrer envenenados. Ou, suprema vergonha, entraremos no século XXII dormindo em mosquiteiros.

DISCIPLINA E HIERARQUIA

Servi ao Exército Brasileiro, contra a minha vontade, por dez meses e vinte e nove dias. Contei cada um dos dias. Apesar de estar na universidade, servi na tropa. Limpava banheiros, pagava as contas dos oficiais e engraxava meus coturnos de dia; estudava Jornalismo à noite. Entrei como recruta – uma condição existencial só um pouco superior à de um cacho de bananas – e saí como soldado reservista de primeira categoria. Robert Heinlein, que foi soldado dos EUA durante a Segunda Guerra, defendia que apenas os cidadãos que serviram à pátria deveriam ter direito de voto. Aqui no Brasil foi um pouco diferente: como era soldado, fui impedido de votar em 1978. Estava muito ocupado limpando banheiros.

Nem tudo foi tão ruim. Conheci pessoas interessantes, como o soldado Vanderlei, hoje conhecido como Wander Wildner, que se tornou um grande amigo e parceiro de banda. Aprendi – na prática, não na teoria – que os dois pilares do glorioso EB, e também de qualquer organização militar, são as palavras disciplina e hierarquia. Militares obedecem a seus superiores hierárquicos. Militares não questionam ordens; cumprem ordens. Missão recebida é missão cumprida. Limpar o banheiro e atirar em alguém parecem ser coisas diferentes, mas não são. Basta não pensar. Basta que o soldado pegue o rodo ou o fuzil e faça o que o sargento mandou fazer.

A razão da existência dessas máquinas irracionais é defender a soberania nacional. Países têm exércitos. A História mostra que é melhor tê-los do que não tê-los. O Brasil tem o seu. Fiz parte dele. Mas essa deve ser a única organização militar legal. A História mostra que todo tipo de organização paramilitar que tem os princípios da disciplina e da hierarquia como normas absolutas é ferramenta para fascistas. Não me interessa se no topo da cadeia de comando está um político, um líder religioso ou um ateu. O Brasil, na opinião deste veterano da infantaria, deve dissolver imediatamente qualquer coisa parecida com um exército amador, esteja onde estiver. Não se brinca com essas coisas. Sabe o que é ainda mais baixo que um recruta? Ainda mais baixo que um cacho de bananas? Você, meu caro: o paisano.

QUADRILHAS DE AUTORIDADES

Numa das melhores cenas do documentário *Tiros em Columbine*, Michael Moore entrevista Dick Herlan, produtor do *reality show Cops* (*Policiais*). Esse programa mostra, basicamente, perseguições a criminosos negros e hispânicos, que são capturados, jogados no chão, algemados e conduzidos (muitas vezes, sem camisa) para a prisão. Moore, que está investigando as raízes da violência nos Estados Unidos, sugere a Herlan que faça um programa chamado *Corporate cops* (*Policiais de corporações*), que mostraria a polícia atuando contra as quadrilhas que organizam esquemas fraudulentos para desviar recursos públicos e lesar os cidadãos norte-americanos em milhões de dólares. Moore afirma que a audiência seria grande, e Herlan responde:

"Concordo com você, e, se conseguisse achar uma organização policial que julgasse quadrilhas de criminosos apropriadamente, que as perseguisse de forma apropriada... Quero dizer, o que fariam com alguém que roubou uma bolsa com US$ 85 e com alguém que roubou US$ 85 milhões dos pobres? Isso eu queria filmar. Mas quando a polícia pega o cara que roubou US$ 85 milhões, ele é tratado como se fosse uma autoridade, sendo ou não sendo."

Aqui no Brasil, temos cotidianamente essa espécie de *Corporate cops* nos jornais e na TV. E, embora seja bem saudável saber que grandes empresários e funcionários públicos de alto escalão – que aparentemente roubaram muito dinheiro dos pobres – estão passando um tempo na cadeia, eles continuam sendo tratados como autoridades. A situação fica ainda mais absurda em relação aos que aderiram à delação premiada, pois o acordo permite que o alcaguete de terno e gravata tenha uma série de vantagens, inclusive a de posar como "colaborador da Justiça".

Quem deveria ser tratado com mais rigor: um sujeito que, desempregado, miserável e semianalfabeto, surrupiou R$ 85 de uma bolsa num ônibus lotado ou um servidor público, com curso universitário completo e salário generoso, que roubou R$ 85 milhões? Os dois foram imorais e transgrediram a lei, mas quem deveria ser atirado ao chão com mais violência, ter as algemas mais apertadas e ficar em celas mais lotadas? Dick Herlan continua sem boas cenas para o *reality* que todos nós gostaríamos de ver.

OBRIGADO, DONA LÉA

Dona Léa é minha mãe e passou dos 90 anos com folga. Em meados dos anos 1960, num dia de chuva, talvez o dia mais importante da minha vida, eu disse que não tinha nada pra fazer, já que a lição de casa estava pronta, era impossível jogar futebol e eu ainda acreditava na mentira de que a televisão só funcionava depois das seis da tarde. Compadecida, a Dona Léa anunciou: "Vou te dar um livro". Eu respondi que já fizera o tema, e ela insistiu: "Não é pra estudar. É um livro de histórias. Pra ler". E, pouco depois, me entregou o primeiro volume de *Os 12 trabalhos de Hércules*, na versão de Monteiro Lobato.

Na capa, um homem musculoso e barbudo, só de tanga, atacava um leão imenso com uma clava de madeira. Coisa estranha. Aquele cara parecia estar fazendo uma besteira. Comecei a ler... e a minha vida mudou. Nunca mais fiquei "sem nada pra fazer". Havia toda a coleção de Monteiro Lobato, depois toda a coleção do Tarzan de Edgar Rice Burroughs, depois os livros da Agatha Christie, depois os de guerra da Flamboyant, depois a coleção Argonauta, depois... É claro que continuei devorando meus gibis e esperando um novo Tintim a cada Feira do Livro, mas os livros sem imagens, só com letras, passaram a ser os meus amigos mais próximos. Gosto tanto deles que, de vez em quando, até me arrisco a escrever alguma coisa.

Os olhos da Dona Léa, depois dos 95, já não permitiam que ela lesse sozinha. Por algum tempo, ela teve a companhia de uma leitora em voz alta, a Maria Luiza. Elas devoraram em conjunto as 669 páginas de *Médico de Homens e de Almas*, de Taylor Caldwell. É a história romanceada de São Lucas, e a Dona Léa, católica praticante, adorou. Não li ainda e confesso que não está na minha lista.

Fiquei pensando em sugestões para a minha mãe continuar lendo e nunca ficar "sem nada pra fazer", o que seria ruim em qualquer idade. Tinha que ser uma história emocionante, mas sem violência. Tinha que ser uma história adulta, mas não adulta demais. Pensei num dos melhores romances de todos os tempos, *O vermelho e o negro*, de Stendhal. Mas será que as aventuras de Julien Sorel, que causaram certo escândalo quando publicadas, em 1830, agradariam a Dona Léa? Será que Hércules derrotará o leão de Nemeia? Será que algum dia vão inventar coisa melhor que um livro? Duvido.

DECEPÇÃO ORIGINAL

Todo mundo já ouviu esta frase na saída do cinema: "O livro é muito melhor!" Decepcionar-se com a adaptação de um romance já lido e admirado é fato tão comum que seria interessante investigar alguns julgamentos que me parecem apressados e preconceituosos. No entanto, quero falar de uma experiência pessoal que é exatamente o contrário: a decepção com a obra original. E, no caso em questão, com a própria vida real.

O seriado de TV *Masters of Sex* conta a vida de Bill Masters e Virginia Johnson, a famosa dupla que revolucionou o estudo do sexo nos Estados Unidos nas décadas de 1960 e 1970, com consequências culturais importantíssimas, inclusive para o feminismo e a psicanálise. *Masters of Sex* tem qualidades inegáveis, como o roteiro de Michelle Ashford e as brilhantes interpretações de Michael Sheen e Lizzy Caplan. Assisti às duas primeira temporadas em ritmo de fissura, ou seja, um episódio atrás do outro, usando todas as brechas possíveis nos dias úteis e fazendo maratonas nos fins de semana. Quando terminei, estava com síndrome de abstinência. Solução? Comprei o livro biográfico que deu origem à série, escrito por Thomas Maier, baseado em extensa pesquisa e muitas entrevistas. São 447 páginas que cobrem a infância, o início da vida profissional, o casamento e o divórcio de Bill e Virginia com grande riqueza de detalhes.

Só que, quando terminei o livro, a decepção com as vidas reais dos personagens, pelo menos como relatadas por Maier, era imensa. A trama da série é muito mais divertida, dramática, cheia de reviravoltas e coadjuvantes maravilhosos. Maier ignora o reitor homossexual que é chantageado por Bill para que a pesquisa continue; a prostituta ambiciosa que casa com um ricaço e depois vira secretária de Bill; a esposa do reitor, que nunca teve um orgasmo e descobre que a culpa não é dela. Onde estão? Apenas no roteiro da série, que toma a liberdade de juntar várias pessoas reais para criar pessoas ficcionais, além de inventar uma grande trama paralela para a esposa de Bill. Como já dizia Aristóteles, a poesia é superior à História porque ela é capaz de chegar à essência dos fatos, enquanto a História fica presa nos detalhes.

A SEGUNDA CHANCE

Com grande esforço, às vezes cabeceando de sono, às vezes controlando um aborrecimento crescente, cheguei à página 30 de *Busca minha face*, de John Updike. A última fase lida foi: "Com o protesto vinha um contentamento, a alegria de pequenas e provocadoras vitórias contra o tempo, criando coisas para guardar". Parece bom, não é? Mas minha paciência tinha acabado. Fechei o livro e não vou mais abrir, pelo menos por enquanto. Updike é meu ídolo, é autor da fantástica série *Coelho*, mas esse romance sobre uma pintora que fala sobre seu marido também pintor (personagem inspirado em Jackson Pollock) para uma jornalista chata estava muito chato.

Segui os sábios conselhos de três escritores que também admiro. Jorge Luís Borges: "Se um livro os aborrece, larguem-no; não o leiam porque é famoso, não leiam um livro porque é moderno, não leiam um livro porque é antigo. Se um livro for maçante para vocês, larguem-no". Philip Roth, através de seu alter ego Nathan Zuckerman, que, por sua vez, citava Kafka: "Penso que devemos ler apenas os livros que nos mordem e aferroam. Se o livro que estamos lendo não nos desperta com uma pancada na cabeça, por que nos dedicar a sua leitura?" Nick Hornby: "Se você estiver lendo um livro simplesmente sacal, coloque-o de lado e vá ler outra coisa, da mesma forma com que pegaria o controle remoto caso não estivesse gostando de um programa de TV".

É simples assim. Existem milhares de livros para serem lidos com prazer, e a vida é curta demais para gastá-la com livros que não nos conquistam até a página 30. *Busca minha face* foi para a estante, onde ficará ao lado de seus maravilhosos irmãos *Coelho corre* e *Cidadezinhas*. Não significa que é um mau romance. Significa apenas que, para mim, neste momento, sua leitura tornou-se uma obrigação em vez de um prazer. Quem sabe daqui a um tempo, alguns meses, talvez alguns anos, eu tenha me transformado e possa voltar à página 30, encontrando ali uma emoção perdida.

Além disso, pensar assim cria uma boa resposta para minhas filhas quando elas entram no meu quarto, veem as estantes cada vez mais abarrotadas de livros e perguntam:

"Pai, tu já leu isso tudo?"

"Li uma parte. O resto tá esperando uma segunda chance."

POBRE JULIEN!

Já contei que minha mãe, Dona Léa, depois dos 95 anos, continuava lendo, apesar de não conseguir mais distinguir os caracteres. Ela tinha a ajuda da Maria Luiza, que lia em voz alta. Também contei que estava pensando em dar *O vermelho e o negro* para a dupla, pois tinha uma ótima lembrança da obra de Stendhal, mesmo sabendo que o caráter dúbio de Julien Sorel provavelmente seria alvo de críticas violentas. Dito e feito. Achei uma edição em capa dura, com uma bela ilustração de Napoleão (o grande ídolo de Julien) na capa, e encaminhei o volume para a Dona Léa. A leitura logo começou.

Perguntei, alguns dias depois, o que a minha mãe estava achando. "Por enquanto, não aconteceu muita coisa. Tudo é descrito com muitos detalhes, o que é interessante, mas o tal Julien não parece estar com muita pressa para subir na vida". Considerei essa apreciação normal, pois com certeza o romance ainda não tinha decolado. O autor precisa de um tempo para construir cenários e personagens antes que a trama realmente emocione. Lembrei também das dezenas de parágrafos que Balzac utilizou para desenhar as fisionomias burguesas do interior da França antes de nos apresentar ao Sr. Grandet e, muitas páginas depois, à sua pequena filha Eugénie.

Tempos depois, visitei minha mãe e voltei a perguntar sobre *O vermelho e o negro*. "Vou te confessar, meu filho: eu estava sofrendo com aquela chatice, mas não queria abandonar o livro. Aí li tua última crônica, aquela que falava pra largar logo o que não estamos gostando. E larguei". Ela riu da minha cara de bobo e, talvez para me consolar, completou: "Mas a Maria Luiza estava curiosa pra saber como a história terminava, e eu disse pra ela levar o livro pra casa". Eu continuava sem palavras, e ela encerrou nossa conversa assim: "Ela me disse que o tal Julien acaba guilhotinado. Bem feito!" Pobre Julien! Foi substituído, sem dó nem piedade, pelos personagens de *Os Catadores de Conchas*, de Rosamunde Pilcher, que, segundo a Dona Léa, são bem mais rápidos para alcançar seu destino.

Moral da história, para o grande Stendhal e para todos os ficcionistas: não espere demais pra começar a história, porque a guilhotina da minha mãe continua bem afiada.

INSUBMISSÃO

A obra de Michel Houellebecq pode ser acusada de várias coisas, mas nunca de submissão. Aí está um autor que não tem medo de afrontar as convenções literárias, as tradições culturais, as regras da boa educação e até a convicção humanista – partilhada pela esquerda e por uma parcela significativa da direita democrática – de que devemos lutar por um mundo melhor. Houellebecq não acredita num mundo melhor. Ele escreve sobre um mundo cada vez pior e ainda ri disso. Ele é quase intragável, ele é quase insuportável, ele é quase detestável, e, por isso, é, também, imprescindível.

O lançamento de seu romance *Submissão* teve a sorte (comercial) e o azar (estético) de coincidir com o ataque à revista Charlie Hebdo, e muita gente achou que o enredo era sobre o terrorismo fundamentalista. Não era. O personagem principal do romance, professor universitário na Sorbonne Nouvelle Paris 3, acompanha a ascensão política e a vitória nas urnas (com o apoio da esquerda, que, assim, evita um governo da Frente Nacional) de um presidente islâmico que imediatamente inicia uma reforma cultural na França. O regime laico é substituído por um estado guiado por preceitos religiosos e generosamente abastecido por petrodólares.

Para quem acha que Houellebecq é fantasioso demais, lembro da proposta de um deputado federal brasileiro feita em 2015 para emendar a nossa Constituição, que passaria a dizer que todo poder emana de Deus (e não do Povo, como está escrito desde 1988). Não passou. Por enquanto. Na França ficcional de Houellebecq, tudo vai passando e se tornando cotidiano, aos poucos, numa lógica aparentemente democrática e, por isso, muito assustadora.

Contudo, *Submissão* não é um livro de terror. Não tem sangue, nem sustos, nem vilões terríveis. É uma narrativa de suspense em torno de um dos personagens mais pulhas, egoístas e desprezíveis de todos os tempos, que reflete sobre o que está acontecendo a partir de um niilismo negativo e conformista (o positivo, como ensina Nietzsche, é direcionado à mudança e à superação). O professor criado por Houellebecq nos ensina que o ser humano médio, submetido às manipulações adequadas, é capaz de aceitar qualquer coisa em troca de um bom salário e duas esposas submissas.

UM MUNDO FEITO DE TELAS

Houve um tempo em que os humanos não faziam uso de telas. Na verdade, nem de janelas. Vivíamos em cavernas com uma única entrada, de preferência bem guardada, para evitar a desagradável convivência com os tigres-dentes-de-sabre. Esse tempo durou muito tempo. Milhões de anos. O único mundo era aquele que estava bem perto de nós, ao alcance de nossas mãos e de nossos olhos. Não tínhamos história, nem imaginação, nem computadores. Éramos mais felizes? Não sei. Talvez para alguns, que hoje correm nos finais de semana rumo à natureza selvagem (ou seja, um lugar sem sinal de celular), voltar a esse estágio da evolução seria uma grande felicidade.

Mas alguém, uns 40 mil anos atrás, provavelmente entediado por uma noite interminável e iluminado por uma fogueira malcheirosa, usou sangue e excremento de morcego para desenhar a silhueta de um cavalo na parede da caverna. E o mundo mudou. A primeira tela e a primeira representação do mundo significaram também o nosso primeiro afastamento da natureza, que não estava mais tão perto de nossas mãos e de nossos olhos. Estava na tela. E as telas evoluíram muito rapidamente, com uma proliferação de superfícies e tecnologias de representação, até chegarmos à fotografia, ao cinema, à televisão, ao vídeo digital e ao Facebook. E o homem viu que tudo isso era bom. Será?

Cada vez mais gente tem saudade das cavernas.

HUMILHAÇÃO
NÃO TEM CLÍMAX

A novela de Philip Roth (82 anos) chama-se *The humbling* (*A humilhação*), e o título original foi mantido nos EUA para a adaptação dirigida por Barry Levinson (73 anos), estrelada por Al Pacino (75 anos), com roteiro de Buck Henry (84 anos) e Michal Zebede (uma moça tão jovem que poderia ser neta de todos os demais citados). No Brasil, o filme chama-se *O último ato*, e, por incrível que pareça, os tradutores estão certos: não é adequado manter o título dado por Roth à história, que tem como tema a decadência física e artística de um grande ator, seguida de sua inevitável humilhação. É um filme sobre um velho feito por um monte de velhos, com exceção da roteirista Zebede.

Não sabemos qual a contribuição de Zebede ao roteiro, o que ela pregou, o que ela defendeu, o que ela propôs manter ou mudar na trama de Roth. Não sabemos como foi sua relação intelectual com o seu corroteirista de 84 anos. Não sabemos se eles brigaram, se Al Pacino opinou, se eles decidiram sozinhos o final, ou se Barry Levinson disse-lhes o que queria. Afinal de contas, o diretor é sempre o último e definitivo roteirista. Mas de uma coisa eu sei: eles erraram o final. Eles decidiram que o filme deveria ter um Grande Clímax, que o ator humilhado voltaria ao palco para interpretar Rei Lear (o óbvio do óbvio) e que, sob o olhar do público, encenaria seu último ato. Eles decidiram assim, Levinson filmou assim, Al Pacino interpretou assim. Erros em série.

Philip Roth escreve sobre a decadência dos seres humanos há muito tempo. Esse é o seu grande tema. Quando terminei de ler *A humilhação*, pensei: "Conflito poderoso, ótimos personagens, tamanho certo; é só roteirizar e filmar". Nesse caso, e em poucos outros, valeria o conselho de Nelson Rodrigues para seus adaptadores: "Sejam burros". Mas Buck, com toda a sua experiência, e Zebede, com toda a sua juventude, decidiram ser inteligentes. E uma fala melancólica de *A gaivota*, de Tchécov, virou um diálogo grandiloquente de Shakespeare. E um corpo apodrecendo por alguns dias num sótão virou um corpo triunfante num palco. E o final da humilhação de Roth – tão denso, tão chocante, tão climático – virou um clímax hollywoodiano qualquer. O que é inevitável, talvez, mas continua sendo ruim.

MAS NÃO SE MATAM BARATAS?

Um grupo de estudantes de cinema da PUCRS ia fazer um filme que se passava no Brasil dos anos 1970, contando uma história que envolvia repressão e tortura. Uma das boas ideias do roteiro era não mostrar qualquer imagem ou som da tortura propriamente dita, substituindo-a por uma ação simbólica: o torturador, sem fazer muito drama, esmagaria uma barata que estaria correndo em cima da sua mesa.

Quando o roteiro foi apresentado em aula, perguntei como eles fariam a cena, e a resposta foi: "Ué, o ator esmaga uma barata. Qual é o problema?" Mas, desconfiando que havia um problema, fui me informar com uma colega bióloga. Ela, que faz pesquisas com animais vivos e domina as questões éticas nessa área, garantiu que não poderíamos matar a barata para filmar sua morte. Seria um crime, ou, ao menos, uma contravenção. Barata é um animal, e animais não podem ser mortos em nome de um filme ou de qualquer outro espetáculo. Não importa se é um mosquito ou um chimpanzé, que possuem níveis de consciência bem diferentes. Ainda tentei argumentar: "Milhares de bois são mortos, todos os dias, para abastecer as churrasqueiras dos gaúchos, e meus alunos não podem matar UMA barata?" E a resposta foi: "É diferente. Aqueles animais servem para alimentação". Como não podia sugerir que meus alunos comessem a barata para justificar sua morte, achamos uma barata falsa, que se mexeu realisticamente antes de ser esmagada. Assim, fizemos o filme sem quebrar qualquer código ético.

Em nome dos prazeres gastronômicos dos seres humanos, bezerros são mantidos, desde que nascem, em cercados minúsculos, para que recebam uma dieta especial e não possam se locomover e desenvolver seus músculos, ficando, assim, com a carne mais tenra. Eles só caminham alguns meses depois, por algumas dezenas de metros, rumo ao matadouro. Não há qualquer código de ética que os defenda dessa vida, que é uma tortura do começo ao fim, porque o fim é o alegre almoço de domingo. Enquanto isso, a barata está protegida. Não me parece muito lógico. E, se há uma lógica e um preceito filosófico que a sustente, por favor, me expliquem como tudo isso funciona, porque não estou entendendo nada.

NAS UNIVERSIDADES

Os estudantes tomam a biblioteca e exigem mais verbas para a educação. Afirmam que não sairão enquanto não forem atendidos. Na reitoria, um gabinete de crise analisa a situação e debate se deve ou não chamar a polícia para retirar os manifestantes à força. O radicalismo de alguns alunos pode levar a um conflito com as forças da ordem. Numa passeata cheia de palavras de ordem contra o governo, até o velho coro "o povo, unido, jamais será vencido" ecoa pelas faculdades. A tensão toma conta do *campus*. Carros de polícia circulam nas ruas próximas. A invasão é iminente.

Você pensa que tudo isso está acontecendo no Brasil, resultado das dificuldades do governo em manter os programas da Pátria Educadora? Você imagina que esse negócio de invadir biblioteca é típico do nosso movimento estudantil, sempre a reboque de interesses político-partidários? Nada disso. A cena é do documentário *At Berkeley*, de Frederick Wiseman. São quatro horas de imersão no cotidiano da melhor universidade pública do mundo, fundada em 1868 e que, de lá pra cá, acumula 72 prêmios Nobel obtidos por seus ex-alunos, pesquisadores e professores. Sim, 72 prêmios Nobel! E os caras invadiram a biblioteca pedindo melhores condições de ensino!

Wiseman tem regras para fazer seus filmes: nada de entrevistas, nada de narração, nada de opiniões. Ele registra imagens e sons durante um longo tempo e depois edita, procurando dar um sentido aos fatos. Parece simples, mas não é. Tudo está em *At Berkeley*: as aulas, as relações humanas, a pesquisa científica, a criação artística e, é claro, os conflitos por melhores condições de ensino. A literatura, o cinema e o teatro estão longe de esgotar todas as possibilidades dramáticas da vida universitária. É preciso prestar atenção ao que acontece nas salas de aula. Nosso futuro está nascendo ali.

MEU CHÁ COM A CONDESSA CRAWLEY

Maravilhosamente interpretada por Maggie Smith na série *Downton Abbey*, a Condessa Violet Crawley exclama durante uma discussão com gente muito mais jovem e muito mais moderna: "Um nobre gostar de reformas é como um peru gostar de Natal!" Vou aproveitar essa tirada de uma das melhores personagens já criadas na história da televisão mundial para refletir sobre o embate entre os pensamentos "conservador" e "progressista", construindo uma improvável ponte entre o interior da Inglaterra na década de 1920 e a Porto Alegre dos dias atuais.

A Condessa Crawley opõe-se ferozmente a uma reforma no pequeno hospital local que sua família ajuda a sustentar há décadas. A modernidade prega que ele seja absorvido por uma rede hospitalar regional, com muito mais recursos. Em compensação, o hospital perderá sua autonomia administrativa. Todo mundo (inclusive ela própria) acha que a sua teimosia é provocada pelo medo de perder poder. Aparentemente, é muito melhor para quem está doente que o hospital seja modernizado e nacionalizado. No entanto, o que sabemos, hoje, sobre redes de saúde excessivamente centralizadoras? Que levam a um aumento de custos e à famosa ambulancioterapia. Vale mais a pena investir em pequenos (desde que eficientes) postos de saúde municipais, que tratam grande parte das doenças perto da residência do paciente. Isso pra não falar dos médicos de família, que podem lidar com 90% dos casos na própria residência.

Resumindo: nem sempre reformas modernizantes preparam um futuro melhor. As pessoas que fazem oposição ao projeto que pretende construir espigões, *shopping center* e estacionamento no nosso cais são acusadas de serem atrasadas e terem uma visão de mundo ultrapassada. Elas são acusadas de serem da turma da Condessa Crawley. Pois bem, assumo essa turma. Nessa questão, sou um conservador (ou melhor: um conservacionista). Se pudesse, tomaria um chá com a Condessa e falaríamos mal desses progressistas bem-intencionados, mas que não conseguem perceber que caminham para trás. O único progresso que serve – para mim, para a Condessa Crawley e para você, caro leitor – é o que respeita a natureza, promove a cidadania e não privatiza o pôr do sol.

QUER CASAR COMIGO?

Quando assisti a *Que horas ela volta?* – um filme que é, no seu todo, extremamente bem-sucedido – uma cena me encantou tanto que imediatamente pensei: vai pra antologia das melhores cenas da história do cinema brasileiro. Às vezes, a gente pensa uma coisa durante um filme e depois esquece. Não é o caso. O momento em que Carlos, interpretado por Lourenço Mutarelli, senta-se ao lado de Jéssica, vivida por Camila Márdila, e a pede em casamento é mesmo antológico, e já falei com muitas pessoas que pensam como eu.

Tive o grande prazer de, durante uma Feira do Livro de Porto Alegre, conversar com Mutarelli, e é claro que o bombardeei com perguntas sobre a cena: "Ela estava no roteiro?", "Vocês ensaiaram muito?", "Fizeram várias tomadas?" Ele riu e me contou tudo, ou pelo menos o que lembrava. Eu, de minha parte, também vou contar pra vocês o que lembro do que ele lembrava. Afinal de contas, estávamos os dois na mesa de um bar, acompanhados de uísque de boa qualidade (gelo para Mutarelli, nada de gelo para mim), o que é ótimo para lembrar, mas não tão bom assim para relembrar.

"No final de uma diária", disse Mutarelli, "tarde da noite, a Ana (Muylaert, diretora do filme), chegou pra mim e disse: 'Amanhã, quero que você sente ao lado da Jéssica e peça ela em casamento. Sei que isso não está no roteiro, mas você é um escritor. Então, pode escrever os diálogos hoje de noite'. Eu disse que sim, que escrevia. E até pretendia escrever. Mas acontece que comecei a beber – um bom uísque, como estamos fazendo agora –, e bebi tanto que não escrevi coisa alguma. Fui dormir preocupado, sem saber o que fazer no dia seguinte".

"Quando cheguei ao *set*, a Ana me perguntou: 'E aí, escreveu?' E eu disse: 'Claro', e sacudi um papel todo amassado, com uns garranchos que podiam ser tudo, menos uma cena de cinema. A Ana disse: 'Não conta nada pra Camila; quero pegar ela de surpresa'. Pouco depois, estava tudo pronto pra filmar, e eu não tinha a menor ideia do que ia dizer. Mas continuava fazendo de conta que tinha escrito. No 'Ação!', sentei na mesa, olhei pra garota e comecei a falar o que surgia na minha cabeça, sem pensar, só deixando fluir. A Camila reagiu, eu reagi à reação dela, e a Ana continuou filmando. É isso!"

Rimos e, pra comemorar o grande feito, pedimos mais duas doses.

O FIM E OS MEIOS

Há filmes que despertam unanimidades. Escrevi sobre uma cena de *Que horas ela volta?* e não recebi uma única contestação ao caráter excepcional do filme e da sequência propriamente dita. E há filmes que dividem opiniões, como *O fim e os meios*. Quando assisti à obra de Murilo Salles no Festival de Gramado, fiquei com a sensação de que ela entraria fácil na pauta do país, pois o pano de fundo da trama é a nossa estrutura política, fragilizada há anos com um sistema cheio de furos para o financiamento das campanhas.

Murilo Salles fez um filme para incomodar. Não fez um filme para agradar a esquerda ou a direita, muito menos o centro. Políticos, assessores, marqueteiros e jornalistas estão envolvidos numa mesma roda-viva que gira tão rápido que ninguém consegue agarrar aquelas antigas convicções éticas que apontavam quem é bandido e quem é mocinho. No *impeachment* de Collor, havia a sensação de que o Brasil estava purgando seus males e, portanto, melhorando. Os mocinhos usavam chapéu branco, e os bandidos, preto. Hoje, todo mundo tá de chapéu cinza e ninguém, muito menos o espectador, consegue achar um herói plenamente confiável.

Há uma cena particularmente incômoda. A jornalista Cris (Cíntia Rosa) vai até a casa do assessor político Hugo (Marco Ricca), tentando achar uma saída para o rolo em que estão metidos. Acontece que, por motivos extrapolíticos – digamos, simplesmente biológicos –, Cris sente atração por Hugo, e os dois acabam transando. No princípio, a transa parece ser imposta por Hugo, mas isso não impede que Cris tenha prazer durante o ato. Complicado, não? O fato de Cris ser negra pode levar a interpretações ainda mais complicadas.

A carga erótica é suficientemente alta para despertar a ira dos moralistas de plantão. Murilo Salles optou por uma narrativa que alterna uma dose de mistério – há coisas que não vemos e temos que supor – com detalhes muito realistas. Como Marco Ricca e Cíntia Rosa são talentosos e estão bem dirigidos, a cena é quente, sensual e tremendamente dúbia. Se os desejos do poder são perigosos, o que dizer dos desejos do corpo, mais primitivos e mais urgentes? A cena incomoda, o filme todo incomoda, e por isso é tão bom.

DRAMATIZANDO O TERROR

David Mamet, dramaturgo e cineasta norte-americano, tem dois excelentes livros lançados no Brasil: *Os três usos da faca* e *Sobre direção de cinema*. Eu os sugiro para meus alunos, mesmo que não concorde com tudo que o autor afirma, em especial, com a sua convicção de que os melhores atores são os que quase não atuam, já que todo o drama tem que estar no roteiro. Mas concordo com uma ideia central de Mamet: a dramaturgia é feita, antes de tudo, para encantar as pessoas.

Quem quer mudar as pessoas, ou mudar o mundo, deve procurar carreira na política, no jornalismo, em relações internacionais, em serviço social, ou trabalhar numa ONG que combata injustiças. Com certeza não vai faltar serviço. Quem quer trabalhar com drama – fazendo teatro, cinema, TV ou equivalente – deve saber que seu desafio é criar um encantamento poderoso, que leve o espectador a entrar num mundo muito mais rico, complexo e divertido do que este em que vivemos. Fazendo isso, diz Mamet, o dramaturgo fica dispensado de lavar a louça.

A quinta temporada de *Homeland* atingiu – o que não é novidade na série – pontos de extraordinária força dramática. Carrie Mathison enfrentou desafios poderosos na Alemanha, dessa vez envolvendo também agentes russos e israelenses. A atuação de Claire Danes é extraordinária. Já viram como ela consegue interpretar com os músculos do queixo, que treme nos momentos mais tensos? O Mamet que me perdoe, mas a dramaturgia também é feita pelas atrizes e pelos atores.

As críticas mais fortes a *Homeland* são políticas. A série – que foi criada em Israel e, mais tarde, desenvolvida nos EUA –, é acusada de (é claro que estou simplificando) mostrar os terroristas como criminosos. E, nessa temporada, sobraram alusões à Rússia como potência "do mal". Os acusadores, porém, esquecem de dizer que a própria CIA é retratada como um órgão corrupto e corruptor, cheio de pessoas egoístas e mal-intencionadas, e, por absoluta incompetência, responsável por muita dor em todo o planeta. *Homeland* é um drama televisivo feito para encantar as pessoas. Ponto. Mas, mesmo assim, faz uma força danada pra não cair em dicotomias ideológicas ou religiosas. Pra mim, tá bom. Carrie, volta logo! Eu lavo a louça pra ti!

NÃO LEIA MEIN KAMPF

Nada contra suas reedições, que devem acontecer em larga escala, agora que os direitos autorais estão liberados, 70 anos depois que uma Walther 7,65mm empunhada pela mão de um homem cansado, doente e recém-casado fez um buraco na sua têmpora direita. Livros não devem ser proibidos, muito menos queimados, por mais abjetos e mal escritos que sejam, como é o caso. Livros devem ser lidos e interpretados. E os leitores devem ter educação suficiente para que essa interpretação não seja rasa. Talvez valha a pena dar uma olhada numa nova edição comentada, mas pelos comentários, não pelo texto original. O autor era ruim demais. Não tinha talento como pintor, nem como escritor, nem como estrategista militar. Tinha talento como orador, mas, nesse caso, é mais interessante ver e ouvir seus discursos em *O triunfo da vontade*, de Leni Riefenstahl.

Leia, por favor, *Hitler*, de Ian Kershaw. É fruto das pesquisas de um grande historiador e, acima de tudo, é bem escrito (e bem traduzido por Pedro Maia Soares). Consumi suas 1004 páginas (sem contar as notas) em menos de 15 dias. Acompanhe a trajetória de um jovem de classe média, amante de óperas, que vagabundeou em Viena até dilapidar uma herança considerável, atingir a linha da pobreza e viver em abrigos de moradores de rua. Saiba que esse homem encontrou no exército a salvação, foi um soldado razoável e absorveu velhos preconceitos até moldar, alguns anos depois, uma visão de mundo tão distorcida quanto poderosa, pois era capaz de oferecer a uma nação envergonhada uma explicação suficientemente simples para todos os seus males.

Hitler, sozinho, não explica a Segunda Guerra nem o Holocausto. Mas ele é parte fundamental da explicação, ou, como explica Kershaw, muito melhor do que eu: "A forma extrema de mando pessoal que um pouco instruído demagogo de cervejaria e racista preconceituoso, um pretenso salvador nacional narcisista e megalomaníaco, pôde obter e exercer numa terra moderna, economicamente avançada e culta, conhecida por seus filósofos e poetas, foi absolutamente decisiva no terrível desenrolar dos eventos". Compreender Hitler e suas circunstâncias é compreender estes nossos tempos, em que fanatismos e totalitarismos ainda insistem em assombrar o futuro da humanidade.

SOBRE FILMES E VIADUTOS

No começo de 2016, terminei de dirigir um longa-metragem. O plano inicial era filmar em 24 dias, mas, como os recursos eram limitados frente aos desafios da produção – trazer atores e atrizes do centro do país, construir 30 cenários em estúdio, gerenciar uma equipe técnica de qualidade –, fizemos um esforço e reduzimos para 23. Numa produção cinematográfica, cada dia a mais (ou a menos) significa muito dinheiro. Trabalhamos 10 horas por dia, não tivemos sábados nem domingos de folga (neste filme, descansamos nas segundas-feiras) e comemorávamos a cada final de tarde que o cronograma estava sendo cumprido. Tudo isso é normal. Quem já fez um filme sabe que atrasos ou paralisações aumentam tanto os custos que podem inviabilizar o projeto.

Vendo a quantidade de obras na nossa cidade que estão atrasadas, paralisadas ou sendo refeitas poucos meses depois de "prontas", só posso chegar a uma conclusão: o município tem dinheiro a rodo, garantido por contratos bilionários que permitem a manutenção de centenas de trabalhadores e máquinas nos canteiros por prazos a perder de vista. Se cada obra de Porto Alegre – túnel, viaduto ou corredor de ônibus – fosse gerenciada por um produtor executivo cinematográfico, todos esses produtores já teriam sido demitidos sumariamente e exortados a procurar outra atividade profissional. Incompetência tem limite.

Sei que as obras viárias têm suas particularidades, que elas demandam relações judiciais complicadas entre o poder público e as empreiteiras, mas filmes também são muito complexos e envolvem ferramentas e processos sofisticados. A comparação não é absurda. E faço pelo menos uma proposta: que as licitações não sejam mais pelo "menor preço". É melhor pagar mais caro para um profissional (ou uma empresa) que tenha competência e entregue o serviço no prazo do que continuar jogando fora dinheiro público em obras intermináveis que já esgotaram a paciência da população. Cada dia a mais numa obra significa, inevitavelmente, mais custo, mesmo que isso seja maquiado de alguma maneira nos contratos. A conta sempre chega, em filmes ou viadutos.

FAZENDO UM CULPADO

Making a murderer, ótima série documental norte-americana das diretoras Laura Ricciardi e Moira Demos, é programa obrigatório para refletir sobre alguns fatos bem brasileiros da última semana. Depois de dez anos de pesquisa sobre a vida atribulada de seu personagem principal, Steven Avery, e de dez horas apresentando imagens e sons relativos a dois processos criminais em que ele está envolvido, a série ainda deixa muitas dúvidas sobre quem Avery realmente é. O fato de estar, neste momento, preso pelo assassinato de uma mulher contrasta com o fato de que ele ficou 18 anos preso por um estupro que, sem dúvida alguma, não cometeu. Resumindo: a Justiça e seus agentes erram. E, às vezes, erram feio. Será que esses erros são sempre involuntários?

Vale lembrar de outro documentário maravilhoso: *Na captura dos Friedmans*, de Andrew Jarecki. Arnold Friedman, professor de Informática, é preso por pedofilia e, pouco mais tarde, com grande cobertura da imprensa, é condenado por abusar sexualmente de crianças com a ajuda de seu filho caçula, que acabara de fazer 18 anos. Depois de quase duas horas de filme, continuamos sem saber se a condenação, com consequências trágicas, foi justa. Como todos os bons documentários, a preocupação maior dos realizadores é fazer uma pergunta e acompanhar as tentativas de respondê-la, e não alcançar ao espectador uma pretensa verdade sobre os fatos.

Contudo, algumas certezas paralelas aparecem, claríssimas. Os agentes da Justiça, nos dois documentários, quando concluem que o sujeito é culpado, fazem qualquer coisa para que essa culpa seja provada, e o réu, condenado. Há uma longa série de arbitrariedades, conluios imorais e ações ilegais por parte de quem deveria estar a serviço da lei. São tantos que eu, mesmo que admita a possibilidade de Avery ser o assassino de uma mulher, e Friedman, um estuprador de crianças, tenho a firme convicção de que os seus processos foram contaminados por homens e mulheres que, como deuses, acham que detêm o monopólio da verdade. Não houve presunção de inocência, e sim uma luta desigual pelo estabelecimento da culpa, com participação nada inocente da imprensa. Não sei o nome disso, mas com certeza não é Justiça.

DA IMPERFEIÇÃO

Na orelha, Flávio Moreira da Costa adverte: "Só saem inteiros – só permanecem os mesmos – aqueles leitores que não lerem o livro". Essa frase me fez pegar *Visível escuridão* na estante do sebo. Não li *O senhor das moscas*, obra mais famosa de William Golding, de modo que eu estava penetrando pela primeira vez no universo desse inglês vencedor do prêmio Nobel, que tem uma prosa estranha e, às vezes, bem poética. Defendo que o leitor deve abandonar qualquer livro se, depois de 30 páginas, não for conquistado pelo texto. Pois bem, admito, não segui minha própria regra.

Até a página 50, avancei vagarosamente, lutando contra a vontade cada vez maior de me despedir daqueles personagens indigestos, daquele cenário decadente, daquelas descrições pegajosas de uma Inglaterra envergonhada e sem saída. Mas segui em frente, talvez na esperança de um grande final. Não há grande final. Há uma tentativa de reunir todos os personagens num grande evento terrorista. Contudo, a reunião não funciona, parece artificial, e, pior, algumas pontas da trama permanecem desamarradas, frouxas, balançando no ar. Golding, o prêmio Nobel, não teve fôlego suficiente para dar conta dos seus extraordinários personagens. E eu, o leitor, voltei para a frase de Flávio Moreira da Costa na orelha e perguntei: "Estou inteiro? Ainda sou o mesmo?"

Aí, a surpresa. Tive que responder: "Não sou". O livro imperfeito tinha me apresentado ao velho pedófilo Mr. Pedigree, ao místico maluco Matty e à linda e monstruosa Sophy. O livro imperfeito tinha descrito como Sophy, ainda criança, descobrira sua capacidade de fazer o mal sem qualquer remorso matando um filhote de mergulhão, e acho que essa passagem nunca mais vai sair da minha cabeça. *Visível escuridão* é uma prova de que, se ficarmos procurando essências, perfeições, obras inatacáveis, perderemos montanhas de coisas boas. A literatura é feita por seres humanos, que são imperfeitos, cheios de sobras desagradáveis de uma longa história evolucionária que às vezes gostaríamos de varrer pra debaixo do tapete. Antes de procurar inutilmente a obra sem falha, ou o homem sem mácula, convém olhar em volta e descobrir as virtudes escondidas na imperfeição. E lutar por elas.

BYE, BYE, BRASIL

Um dos efeitos colaterais menos evidentes – e, ao mesmo tempo, mais importantes – da nossa interminável crise ética-política-econômica é a significativa revoada de brasileiros para outras plagas, à procura de um ambiente mais estável e promissor. As razões são óbvias: as ruas estão inseguras por conta de uma segurança pública falida; os índices de desemprego sobem mais que um bom zagueiro cabeceando; e as oportunidades de crescimento profissional são raras. Uruguai e Argentina já viveram cenários parecidos, mas, nesses países, os emigrantes eram quase sempre jovens. Aqui no Brasil, vivemos um clima de desassossego em todas as faixas etárias. Tem gente de meia-idade que batalhou para obter seu passaporte da Comunidade Europeia e agora pensa em usá-lo para fins bem mais definitivos do que pegar uma fila menor na alfândega.

Entre os candidatos ao autoexílio estão centenas de acadêmicos, mestres e doutores, tanto jovens quanto veteranos. Ironicamente, graças a bolsas dos órgãos governamentais – como CAPES e CNPq –, eles tiveram a oportunidade de estudar no exterior, quase sempre em países desenvolvidos. Eles experimentaram a graça infinita de andar na rua, de madrugada, voltando do teatro, do bar ou do cinema, sem qualquer sobressalto. Eles usaram metrôs eficientes, foram a concertos gratuitos no domingo e frequentaram museus que nunca correm o risco de fechar. Tudo isso é caro? Claro que é, ainda mais com o câmbio atual. Mas quanto custa ficar livre de um revólver apontado para a cabeça?

O Brasil quer ser chamado de Pátria Educadora, mas alguns de seus educadores mais brilhantes procuram outras pátrias. Eles não são traidores, muito menos cidadãos mal-agradecidos pelo que já receberam. Acadêmicos também sonham com uma vida melhor. Por outro lado, programas como o Ciências Sem Fronteiras e o Prouni, que ampliaram substancialmente o acesso dos jovens à vida acadêmica, parecem perder o fôlego. Cultura e educação costumam ser as primeiras áreas a sofrer as consequências da crise, mas, a longo prazo, esses cortes são os que mais prejudicam o desenvolvimento de uma nação. O Brasil tem que suar a camiseta, debelar a crise e continuar investindo em seu futuro.

INSTRUÇÃO

O ano era 1978. O Brasil era presidido pelo general Geisel. A abertura era lenta, segura e gradual, mas ninguém estava seguro quanto ao futuro da democracia. Contra minha vontade, eu era um soldado raso na Companhia de Comando da III Região Militar e, ao lado dos demais recrutas, recebia a Instrução – um conjunto de ensinamentos que nos habilitariam a servir à pátria de forma adequada.

Naquela tarde, o sargento Guasseli discorria sobre o Movimento Comunista Internacional e explicava que o mundo estava ameaçado por uma ideologia exótica, que não media esforços para subjugar todas as nações, exterminando a liberdade e instalando em seu lugar a ditadura do proletariado. Nesse instante, não sei por que – um coágulo cerebral?, uma manifestação do caos?, um irresistível instinto suicida? –, levantei o braço e pedi licença pra falar. O sargento permitiu e eu disse: "Na Itália, o Partido Comunista existe há muitos anos e participa das eleições. Ou seja: lá, os comunistas têm vida política legal num contexto democrático".

Senti 60 pares de olhos pousados sobre mim. Eles não precisavam falar nada para que eu entendesse: tinha cavado minha sepultura. O sargento disse: "Soldado, vou te responder, mas só no fim da aula". Pronto, eu estava ferrado. Imaginei meu destino: um interrogatório minucioso, alguns dias na prisão, quem sabe um acidente durante um exercício de tiro... Ao final da Instrução, o Guasseli levou-me para um canto, olhou bem dentro dos meus olhos e disse: "Isso que tu falou é verdade. Não estou acostumado com soldados que estão na universidade. Vou te pedir: não fala mais essas coisas. Dispensado!" Bati continência e voei para o alojamento, onde fui recebido como um Lázaro, um ressuscitado. Cumpri o restante do meu serviço militar sem enfrentar qualquer consequência da minha manifestação.

Passados 38 anos do incidente, é incrível constatar que, hoje, muitos civis não conseguem conviver com quem pensa diferente deles. Ao contrário dos pequenos Hitlers que se multiplicam por aí, o sargento Guasseli, um homem simples, um militar em pleno sistema ditatorial, tinha a noção exata do que significa a palavra tolerância.

Em tempo: nunca fui e nunca serei comunista. Meu coração é anarquista. Mas isso eu não contei pro sargento.

NÃO É GOLPE. É INVASÃO!

Batman, Superman, Capitão América e os X-Men invadiram o Brasil. Eles ocuparam nosso território. Eles acabaram com nossa soberania. Esses pretensos heróis planejaram sordidamente lançar três ondas de ataque, numa sequência infernal e irresistível. A invasão começou com a anexação de 1.331 salas de cinema pelo fortão que veio de Krypton e pelo homem-morcego. A tática foi genial: simularam uma briga terrível entre eles quando, na verdade, trabalhavam juntos para ocupar quase metade do nosso território.

A segunda onda, que atingiu o número recorde de 1.400 salas, foi capitaneada pelo Capitão América. Desculpe a redundância, caro leitor, mas em tempos de guerra a mente deste colunista fica fora de foco e tremida, como as fotos de Robert Capa no desembarque da Normandia. O golpe final, que era para ser de misericórdia, mas essa palavra não consta no dicionário mutante, foi desferido pelos X-Men, que entraram atirando em 1.200 salas. Mystique, é claro, não atirou. Só tirou a roupa.

Total de salas ocupadas sequencialmente pelos invasores: 3.931. O total de salas no Brasil é de 2.870. Isso significa que eles não ocuparam apenas todo o território brasileiro; eles anexaram o Uruguai e o Paraguai, além de construir um *shopping* com 10 salas na praia da Cacimba do Padre, em Fernando de Noronha. São bons esses invasores! São competentes! São encantadores! Tanto que a população brasileira jogou beijos e flores sobre eles, repetindo a cena da entrada das tropas nazistas na Tchecoslováquia.

O governo brasileiro tentou reagir. Chamou o Capitão Nascimento, mas este declarou que estava aposentado. Nosso herói sugeriu que a última encarnação do Robocop poderia ajudar, já que eles têm o mesmo pai, mas o Tio Sam não gostou da ideia. Então, num momento de desespero, foram convocados todos os personagens das comédias nacionais de sucesso. A ideia era matar os invasores de tanto rir. Funcionou por algum tempo. Eles ficaram de pernas pro ar, e Superman disse para Batman: "Se eu fosse você, não usava essa máscara horrorosa". Mas logo os invasores perceberam que as piadas eram todas iguais, pulverizaram os comediantes e estão planejando trocar o nome de Brasília para Vichy. Quem será nosso Pétain?

A CRISE DO VOYEUR NO CINEMA

Num texto clássico dos anos 1970, *Prazer sexual e cinema narrativo*, a feminista inglesa Laura Mulvey afirma que "o inconsciente da sociedade patriarcal estruturou a forma do cinema". É um ensaio de cunho psicanalítico e político que acusa frontalmente a indústria cinematográfica de ser "falocentrista" e de representar a mulher como "a ameaça da castração, pela ausência real do pênis". Pincei esses trechos por serem de fácil compreensão. No ensaio, há parágrafos inteiros que só podem ser compreendidos por especialistas em Lacan.

Mulvey continua na ativa, abordando outros temas, mas, a cada entrevista, ainda é obrigada a falar daquele seu ensaio, que teve grande impacto e lançou essa ideia de que os cineastas homens só conseguem ver as mulheres como objetos de seu desejo, nunca lhes dando real protagonismo. E ainda pior: todos os filmes – até aqueles feitos por algumas mulheres! – assumem que o desejo do(a) espectador(a) é masculino, o que transforma o público – independentemente de gênero – num eterno *voyeur*.

Será que o cinema mudou? Será que as acusações de Mulvey surtiram algum efeito? Para as feministas mais radicais, a resposta é não. Mesmo um filme que tem duas mulheres como protagonistas numa relação homossexual (*Azul é a cor mais quente*) foi criticado por ser machista e voyeurista. O feminismo de hoje não quer apenas discutir a posição subalterna do sexo feminino; ele quer derrubar a heterossexualidade como norma, ele quer nos libertar de uma escolha de gênero desnecessária e limitadora dos desejos. O problema não é mais a opressão do falo, mas sim a opressão das decisões que o falo (ou sua ausência) provoca, levando a identidades eróticas ultrapassadas (homem, mulher, *gay*, trans) e que não fazem mais sentido.

Talvez por isso um filme delicado como *A garota dinamarquesa* tenha provocado o ódio de alguns donos de cinema, que não queriam exibi-lo. Se o voyeurismo ainda é arma importante para ampliar as bilheterias, como um filme que não define o gênero de seus personagens provocará o desejo do espectador mais tradicional? É possível desejar quem não definiu claramente seu desejo? Não sei, mas o texto de Mulvey envelheceu, e o *voyeur* tradicional está em crise.

NEWTON OU PTOLOMEU?

De tempos em tempos, diversos projetos de lei, sempre de autoria de políticos de direita, circulam pelo Brasil tentando impedir os professores de colocar um viés ideológico em suas aulas. Escolhi o termo "viés ideológico", mas há muitas variantes: "discutir gênero e sexualidade", "fazer doutrinação" ou "desviar o natural desenvolvimento da personalidade dos alunos". A lista é imensa, o que demonstra a grande criatividade dos legisladores quando o assunto é repressão. A gente fica achando que é tudo piada, que a chance dessas leis serem votadas e colocadas em prática é zero, mas aí elas são aprovadas, e a comédia vira filme de terror.

Alguns políticos querem que os professores deem aula sem expressar qualquer opinião política porque acham que a grande maioria dos professores é de esquerda e promove uma "lavagem cerebral" nos estudantes. Querem um ensino "neutro". Querem um professor que não expresse suas opiniões sobre os problemas do mundo, as possíveis origens desses problemas e o que fazer para enfrentá-los. Considerando que toda ciência é um interminável choque de opiniões sobre o que constitui o mundo, por que ele é assim e o que podemos fazer para mudá-lo, as leis deverão instituir em que estágio interromperemos a discussão científica. Ptolomeu, Newton ou Einstein? Eu aposto que, numa votação fechada do Congresso, daria Ptolomeu. Aberta, chegaríamos a Newton. Nunca além.

Essas leis ficarão restritas ao ensino público ou atingirão também o privado e suas muitas escolas confessionais? Como todos os professores são iguais perante a lei, creio que será inevitável que os colégios e universidades mantidos há séculos por organizações religiosas proíbam seus professores de falar de Deus. Não há questão ideológica mais decisiva do que acreditar ou não num ser superior e discutir a sua natureza. Como a natureza do ser superior é maleável e, numa mesma classe, podem misturar-se convicções distintas, Deus não entra mais na sala de aula. Sem Deus, sem ideologia, sem ciência e sem arte (melhor acabar também com esse velho reduto da esquerda), poderemos acabar finalmente com a própria escola e seus professores. Piada? Leiam os projetos de lei. No fundo, é o que eles querem.

BILHÕES

Os produtores de *House of Cards* já deram mostras de que acompanham a trama da Operação Lava Jato aqui no Brasil. Tempos atrás, o Twitter oficial da série norte-americana publicou: "Em português, eles não dizem '*impeachment*', eles dizem 'se inspirar em Francis Underwood'". Os roteiristas também já admitiram que a realidade brasileira dá de goleada em suas ficções para retratar a luta pelo poder. Enquanto aguardamos, ansiosos, a próxima temporada da série dos gringos – e sempre vale a pena abrir o jornal para acompanhar a tupiniquim –, sugiro prestar atenção em outro seriado, que encerrou há pouco sua primeira temporada nos EUA: *Billions*.

O cenário é o bairro financeiro de Nova Iorque, que Hollywood tem explorado com títulos como *O lobo de Wall Street*, de Scorcese, *Wall Street – o dinheiro nunca dorme*, de Oliver Stone, e *A grande aposta*, de Adam MacKay, com resultados irregulares. Talvez seja bem mais fácil para os americanos compreenderem os detalhes das monstruosas transações financeiras feitas em frações de segundo nas bolsas. Confesso que, nesses filmes, assim como em *Billions*, tive certa dificuldade para separar o que é genialidade do que é transgressão. Nossa Lava Jato – que trata de coisas mais simples, como editais superfaturados, propinas milionárias e compras na Louis Vuitton – facilita a vida do espectador.

Billions, contudo, tem uma grande vantagem: uma dupla de antagonistas sensacional, vivida por dois grandes atores (vamos convir que Eduardo Cunha é um canastrão de última categoria e Sérgio Moro ficaria melhor num filme de Sérgio Leone). Paul Giamatti (de *Sideways*) é um promotor e está do lado da lei, enquanto Damian Lewis (que conhecemos de *Homeland*) é um megaespeculador e está do lado da fraude. Parece fácil decidir para quem torcer, mas a trama nos leva a odiar os métodos imorais (e, às vezes, ilegais) utilizados pelo Homem do Bem para pegar o Homem do Mal. O que deveria ser um embate cristalino entre a Luz e as Trevas transforma-se numa luta em terreno pantanoso, cinza e nojento. Se o Brasil conseguir cobrar seus merecidos direitos autorais, talvez consiga alguns bilhões, o que nos ajudaria a sair mais rápido da nossa crise e mostrar ao mundo que somos os verdadeiros líderes da indústria criativa.

PRENDAM OS BONECOS!

Não tenho dúvida de que cultura é tão importante quanto educação e saúde e, portanto, merece um ministério exclusivo, gerindo investimentos estatais de peso. Há críticas ferozes à minha opinião. Eu sou louco, ou mal-intencionado, ou as duas coisas juntas. Costumo responder a alguns dos indignados leitores – os mais educados, é claro – e reafirmar minha opinião. Digo que a produção simbólica, a capacidade imaginativa e a arte são decisivas e estratégicas na vida em sociedade. Numa palestra, cheguei a afirmar: "Vamos fazer um plebiscito sobre a continuidade da Lei Rouanet. Se a maioria optar por extingui-la, tudo bem, mas eu viajo para fora do Brasil no dia seguinte. Teria vergonha de viver num país tão indigente". Ouvi alguns aplausos, o que me animou um pouco.

Em julho de 2016, li a seguinte notícia: "O Supremo Tribunal Federal pediu quarta-feira (6/7) à Polícia Federal investigação e responsabilização de manifestantes que inflaram bonecos alusivos ao presidente da Corte, Ricardo Lewandowski, e ao procurador-geral da República, Rodrigo Janot, de forma crítica, durante ato na Avenida Paulista". Que maravilha! Lewandowski e Janot aguentaram, silenciosos e impávidos, dezenas de discursos inflamados (vindos da esquerda) que os atacavam, centenas de textos (escritos pela direita) que os criticavam e milhares de comentários desabonadores (atirados de todos os lados) que os esculhambavam, mas, ao verem seus bonecos desfilando na avenida, mandaram "investigar e responsabilizar".

Por que esse comportamento? É simples. Eles sabem que os bonecos são poderosíssimos. Eles sabem que símbolos – muito mais que argumentos racionais – são capazes de estremecer a sociedade e solapar as instituições. Ou os bonecos saem da avenida, ou seus cargos serão gravemente ameaçados. Resta perguntar: por que os nobres defensores da lei e da ordem nada fizeram contra os gigantescos bonecos de Lula e Dilma vestidos de presidiários que tanto caminharam pelas ruas e avenidas do Brasil? Será que aí os símbolos contribuíam para o debate democrático, em vez de serem parte de uma "nefasta campanha difamatória"? Boneco na avenida dos outros é colírio.

O FILME QUE NÃO QUERÍAMOS FAZER

Quantas decisões importantes tomamos durante a vida? Com certeza dezenas, talvez centenas. As mais críticas são aquelas que acontecem entre os 20 e os 25, no início da carreira profissional e, para muitos, na alvorada dos relacionamentos amorosos mais sérios e duradouros. Às vezes, estamos sozinhos na hora H e não é possível pedir um conselho, nem repartir a angústia da escolha por um dos caminhos que se abrem na encruzilhada. No entanto, outras vezes, quando, naturalmente, hesitamos em nosso ponto crucial, que os americanos chamam de *turning point* (título de um filme interessante de Herbert Ross), acabamos atropelados pela história e conduzidos coercitivamente pelas pessoas e pelas circunstâncias que nos cercam.

Verdes anos, que codirigi com Giba Assis Brasil, é um trabalho muito coletivo, e seria impossível listar todas as pessoas que foram fundamentais para que ele existisse. Até hoje, encontro gente que me diz: "Eu era figurante na cena do baile e, depois de esperar até as três da madrugada, morrendo de fome, ainda quebrei a cara durante a briga. Adorei!" Assim era o cinema no longínquo ano de 1983, quando eu tinha 24 anos e não era tão verde assim, mas estava longe da madureza.

O filme ganhou um Kikito em Gramado, teve um excelente público no Rio Grande do Sul e serviu para que equipe e elenco, que trabalharam literalmente "no amor", iniciassem suas carreiras no cinema dito profissional, produzido na bitola 35mm. Enfim, o filme foi um sucesso e ajudou muita gente. O que poucos sabem é que nem eu nem o Giba queríamos fazer esse filme. A iniciativa foi do produtor Sérgio Lerrer, que já tinha iniciado um super-8 com o mesmo título, também baseado no conto de Luiz Fernando Emediato. O filme parou no meio. Eu tinha visto algumas cenas, e o resultado parecia precário.

Numa bela tarde de sol, o Sérgio bateu na porta da minha casa, na rua Marquês do Pombal, e disse que o filme seria todo refeito, em 35mm, e que eu e o Giba dividiríamos a direção. "É muita responsabilidade", explicou o Sérgio. Já havia um roteiro, que estava sendo escrito pelo Álvaro Teixeira. Quando falei com o Giba, descobrimos que tínhamos a mesma opinião sobre o projeto: a história pouco acrescentava aos vários filmes super-8 que tínhamos rodado antes. Temática e esteticamente, com o longa *Inverno*, já tínhamos nos afastado daquela onda de nostalgia adolescente. E, finalmente, fazer um filme com tantos personagens e tantas locações, quase sem dinheiro, era um risco muito grande. Resumindo: em nosso momento de decisão, achamos uma péssima ideia fazer *Verdes Anos* e escolhemos não fazer. Mas fizemos. Por quê? Aí, caro leitor, só lendo o livro da Alice pra ficar sabendo.

MEU CONSELHO EDITORIAL

Em mais de três anos escrevendo crônicas em jornal, nunca sofri qualquer censura. Não posso escrever sobre futebol nem fazer ficção, mas essas cláusulas foram estabelecidas numa espécie de nosso acordo pré-marital e, vistas em perspectiva, têm lógica e funcionam bem. Os textos que envio são publicados integralmente e sem alterações, salvo uma vírgula fora do lugar ou uma crase altamente suspeita. Esse fato pode levá-lo, caro leitor, ou pode conduzi-la, cara leitora, à falsa convicção de que tenho absoluta liberdade na forma e no conteúdo do que escrevo. Basta sentar no computador por meia hora e externar meus pontos de vista sobre o mundo não futebolístico e não ficcional. Grande engano.

Tenho um conselho editorial formado por quatro mulheres: Luciana Tomasi, Iuli, Livi e Iami Gerbase. Coincidentemente, todas são minhas parentes. Não posso ser acusado de nepotismo, pois elas não recebem coisa alguma para avaliar as colunas antes que sejam enviadas e advertir sobre as inúmeras inconveniências, erros de avaliação e bobagens em geral que cometo quando escrevo. As críticas podem vir de forma discreta: "o final está um pouco embrulhado" ou "achei um tanto sem graça". Também podem ser mais incisivas: "achei sem efeito essa coluna", "não deu certo" ou "ficou vazia". Outras apontam possíveis remédios: "são afirmações muito fortes sem nenhum dado comprovando", "acho que tinha que ter uma frase final mais definitiva" ou "tem que reescrever em cima do tema". Minhas preferidas, contudo, são as mais violentas: "tá horrível", "tá confusa de novo", "acho essa coluna meio sem razão de existir" ou, em especial, "escreve outra, essa parece um cineasta choramingando".

Meu conselho editorial veta aproximadamente 40% das minhas tentativas de colunas e exige mudanças em praticamente todas. Se alguém está com pena de mim, já advirto: agradeço a elas sempre que vejo a coluna publicada e lembro da bobagem que poderia estar impressa. Quanto às dezenas de textos que permanecem inéditos, resta o consolo de lembrar da avaliação de um dirigente da Metro depois de um teste de Fred Astaire: "Não sabe representar, não sabe cantar e é careca. Só se arranja um pouquinho com a dança".

UM ALUNO COM UM CELULAR

Eu estava mostrando para meus alunos trechos dos célebres filmes-sinfonia: *A propósito de Nice*, de Jean Vigo; *Somente as horas*, de Alberto Cavalcanti; *A chuva*, de Joris Ivens; *Berlin, sinfonia de uma metrópole*, de Walter Ruttmann; e *Um homem com uma câmera*, de Dziga Vertov. São obras-primas dos anos 1920, criadas por realizadores que estabeleceram um diálogo inovador entre o cinema e as artes plásticas, com forte influência das vanguardas modernistas. Quem quer compreender a evolução dos documentários precisa conhecer esses filmes, que contêm boas referências para quem deseja realizar obras experimentais, apostando na força expressiva das imagens. Enfim, uma aula que me parece bem útil para futuros cineastas. A maioria dos estudantes estava ligada na projeção. A maioria, mas não todos.

No fundo da aula, quatro estudantes, em vez de olhar para a tela comunitária sobre o quadro branco, olhavam para as telas individuais de seus celulares.

Caminhei lentamente para lá, fiquei de pé perto deles, e nem assim interromperam suas sessões particulares. Não sei a que eles assistiam. Provavelmente estavam envolvidos com algum tipo de interação, e não com a experiência de apreciar a obra audiovisual de outra pessoa. É difícil para um professor entender como alguém que paga uma mensalidade muito alta numa universidade particular para aprender sobre cinema prefere dedicar sua atenção ao que mostra a minúscula tela do seu *smartphone*, em vez de compartilhar os sons e as imagens que envolvem todas as outras pessoas na sala de aula. Mas é o que acontece, e de modo cada vez mais frequente.

Sei que o papel da educação é adaptar-se aos novos tempos e aos novos estudantes. Sei que as tecnologias em geral, e a internet em particular, devem ser aliadas dos professores. Sei que os *smartphones* são, em potencial, instrumentos úteis para dinâmicas de ensino inovadoras. Mas, às vezes, é preciso parar de interagir e simplesmente assistir a um filme. Ou não? Será que ver trechos de filmes e aprender com eles é estratégia superada? Será que os jovens cineastas não precisam mais conhecer os filmes-sinfonia? Estou em crise. Será que sou um professor que desaprendeu a ensinar?

O LAGARTO

Um grande e belo lagarto, com talvez meio metro de comprimento, de vez em quando aparecia na nossa casa na praia. Ele passava do terreno baldio onde morava para o nosso jardim por um buraco no solo junto ao muro de concreto que cercava o gramado. Cada vez que o lagarto surgia era uma festa. Minhas três filhas, na época ainda crianças, acompanhavam, alegres, sua lenta trajetória, que terminava quando, depois de caminhar rente ao muro, passava por baixo do portão de madeira e ganhava a rua. O tucano que nos visitava também era bem simpático. O lagarto, contudo, era tratado como um verdadeiro *popstar*. Não dava autógrafos para suas pequenas fãs porque tinha mais o que fazer.

Num lindo dia de sol, o lagarto apareceu mais uma vez. Alguém o viu e chamou toda a família. Já com as câmeras a postos, cinco pessoas aproximaram-se dele, mantendo uns três metros de distância, pois imaginávamos que o bicho, como todo *popstar*, gostava de atenção, mas deveria ter sua privacidade respeitada. O problema é que, na quina do terreno, o muro formava um ângulo de noventa graus. Para chegar ao portão, o lagarto tinha de ultrapassar essa quina e seguir em frente. Uma das crianças, para conseguir um bom ângulo fotográfico, barrou o seu caminho. O lagarto parou e olhou para os cinco seres humanos sorridentes e simpáticos que formavam um semicírculo em sua volta. Para o lagarto, a situação era óbvia: estava acossado e não tinha para onde fugir.

Foi tudo muito rápido: o lagarto ergueu-se nas patas traseiras, inflou algum tipo de bolsa na lateral da cabeça e emitiu um silvo agudo e ameaçador. De repente, era um dinossauro, um tiranossauro prestes a atacar. Saímos correndo em debandada rumo à segurança da nossa casa. Um verdadeiro salve-se quem puder. Com uma corrida ágil, o lagarto chegou ao portão de madeira e desapareceu.

Nestes tempos em que assassinatos estúpidos acontecem quase todos os dias, é bom lembrar daquele lagarto. Qualquer animal, quando acuado, sem ter para onde ir, instintivamente reage com violência. Além de pedir mais vagas nos presídios, convém pensar nas imensas dificuldades de quem está acuado por uma sociedade que exclui e não oferece educação, emprego e moradia digna. Ou os lagartos continuarão a erguer-se e atacar.

OS TIRANOSSAUROS

Metáforas sempre são perigosas. Depois de contar a história do lagarto que, acuado, levantou-se nas patas traseiras e parecia prestes a atacar, afirmei que isso acontece com animais em geral, e que o ser humano é um animal. Cabe, portanto, à sociedade tentar evitar que indivíduos fiquem acuados e partam para a violência. A reação de alguns leitores foi bastante crítica, e dois argumentos básicos surgiram. O primeiro: homens não são animais, muito menos répteis, porque possuem livre-arbítrio. O segundo: a sociedade – em sua maioria, formada por pessoas "de bem" e trabalhadoras – não tem responsabilidade alguma sobre um contexto econômico e cultural que gera exclusão.

Pois bem, vou defender minha metáfora. Atenção, companheiros de espécie: somos animais sim. Nosso comportamento não pode ser explicado apenas pelas ciências sociais. Somos produtos da história e também da nossa (muito mais) longa evolução biológica. Temos livre-arbítrio? Sim, mas há controvérsias sobre o quanto ele é realmente livre frente a nossos instintos. A neurociência é bastante assustadora em algumas de suas descobertas. A racionalidade não comanda o mundo como um monarca absoluto, e é preciso ler Darwin depois de ler Descartes. Quem desconhece esses dados fundamentais da natureza humana exibe uma ignorância jurássica.

Quanto à inocência das "pessoas de bem" – argumento neoliberal até a medula, que pede ao governo que tire de circulação (de preferência com um tiro) todos os répteis que circulam pelas ruas –, aí está um debate político de primeira grandeza. Tiranossauros são predadores irrecuperáveis e vivem à procura de vítimas para o jantar. Há os que acreditam que devemos prender todos e jogá-los numa jaula (mas seria melhor matá-los). E há os que acreditam em ações que combatam os tiranossauros e, ao mesmo tempo, evitem que pequenos lagartos, acuados, pensem em fazer besteira e sigam os caminhos dos primos gigantescos. Sou do segundo time. Tenho medo dos tiranossauros e sei que eles devoram o que estiver pela frente sem pensar, inclusive lagartos menores. Mas, resumindo, na selva em que vivemos, crendo ou não em livre-arbítrio, convém não aumentar o número de predadores.

TEXTO ACADÊMICO

Resumo: este ensaio mostra como é produzido um texto acadêmico.
Abstract: this paper shows how an academic text is written.
Palavras-chave: padronização, cientificismo, vácuo intelectual.
Keywords: standardization, scientism, intelectual vacuum.
Introdução. Para ter seu artigo aprovado numa revista de prestígio (classificação A1, A2 ou B1 na CAPES), o professor universitário segue certas regras. Nossa hipótese é de que, ao seguir normas rígidas, tanto na forma (ABNT) quanto no conteúdo (método acadêmico vigente), o texto será uma sucessão de paráfrases (dizer o mesmo de outro jeito) sem qualquer relevância, que servem apenas à manutenção do emprego do redator no seu programa de pós-graduação e à sua inserção numa comunidade de acadêmicos que escrevem ensaios parecidos.

Capítulo 1. Metodologia. Primeiro, encontra-se um tema bem específico, que interesse apenas aos futuros leitores acadêmicos do ensaio. Depois, lê-se tudo que foi escrito a respeito em português e inglês. O aproveitamento de textos em alemão e francês é recomendável. Em espanhol, discutível. Em outras línguas, irrelevante. A seguir, escolhe-se um aspecto não abordado, ou um aspecto já abordado, mas com autores parafraseados diferentes. Finalmente, colam-se citações dos textos originais e costuram-se as lacunas com paráfrases elaboradas pelo redator.

Capítulo 2. Interditologia. É vedada qualquer manifestação da subjetividade do autor. O texto deve conter apenas verdades científicas provadas. As provas devem ser coletadas em textos já publicados em revistas e livros acadêmicos da mesma área de atuação do autor. Essas publicações devem ser corretamente citadas. Jamais usar dados recolhidos de forma não sistemática. Gráficos são aceitáveis (embora perigosos). Imagens, irrelevantes. Um adjetivo conduzirá a um parecer que pede correções substantivas. Um ponto de exclamação provocará a recusa definitiva do texto.

Capítulo 3. Epistemologia. A episteme de um ensaio acadêmico passível de publicação é a reprodução do que já é conhecido.

Conclusão. Não interessa pensar, nem opinar, nem pesquisar, nem desvendar. Só interessa parafrasear e padronizar, visando a um estado de vácuo intelectual do leitor. A Academia está ferrada.

FÉ E DEMOCRACIA

Em 2015, escrevi duas colunas (ambas transcritas neste livro) que tinham o sentimento religioso como tema. A primeira foi "Em defesa da religião", na esteira do fervor anti-islâmico provocado pelo ataque terrorista à boate Bataclan, em Paris. Afirmei que perseguir terroristas é urgente e necessário, enquanto discriminar pessoas por sua fé é injusto e antidemocrático. A segunda foi "Dawkins e Deus", aproveitando a vinda do grande biólogo a Porto Alegre. Escrevi que Dawkins está errado ao classificar, a partir de um viés redutor, a ideia de Deus (e do sentimento místico de modo geral) como um imenso erro da espécie humana. Mitos, divindades e cultos baseados na transcendência fazem parte de nossa cultura e têm que ser respeitados.

Lembro dessas colunas para que você, caro leitor, fique melhor informado sobre minha posição acerca de um tema sempre sujeito a simplificações perigosas. Assim, depois de defender o sentimento religioso, posso afirmar que a maior de todas as ameaças à democracia brasileira é o aparelhamento dos partidos políticos por supostos religiosos (na verdade, fundamentalistas picaretas que nada entendem de espiritualidade) que espalham seu obscurantismo, seus preconceitos, seu moralismo de araque, seu despreparo cultural e sua indigência mental através do espaço de propaganda eleitoral e pelos muitos caminhos da internet.

O estado brasileiro é laico, e a palavra "pecado" não está na nossa Constituição. Ninguém tem o direito de, a partir de uma interpretação pessoal de dogma religioso, discriminar cidadãos e cidadãs por suas preferências sexuais. Muito menos pela cor da pele, da alma ou da roupa íntima. Padres, pastores, rabinos, curandeiros, xamãs, sacerdotes, bruxos e operadores de tabuleiros Ouija podem pedir votos, mas não têm o direito de afrontar a Constituição e pregar abertamente o fim de direitos duramente conquistados pelas minorias, apresentando-as como transgressoras de alguma "fé". Tenho fé que os eleitores brasileiros conseguirão identificar esses falsos profetas – a tarefa é fácil: eles estão sempre usando as palavras "Deus" e "pecado" em suas falas – e os manterão longe de qualquer cargo conquistado pelo voto. A democracia agradece.

QUANTO VALE A CULTURA?

A justificativa para cortar verbas estatais para a cultura é sempre contábil. Pode ser visualizada em planilhas de cálculo e, depois, exposta em apresentações com gráficos multicoloridos para a imprensa. A lógica econômica liberal, que pede um Estado mínimo e competitividade máxima, varre o mundo, passa pelos Estados Unidos e leva o Brasil para um momento de reavaliação tão radical quanto perigoso. Decide-se o futuro de seres humanos e das suas criações mais sublimes a partir de números frios e impiedosos.

O problema com a cultura é que ela não cabe nas planilhas de cálculo. Quanto vale um programa de uma hora dedicado aos artistas gaúchos? Quanto vale a música inédita de uma banda nova veiculada numa rádio ouvida por milhares de formadores de opinião? Quanto vale a integração de uma emissora estadual em editais federais que estimulam a produção audiovisual, permitem a renovação estética, injetam recursos e dão empregos? Quanto vale um telejornal que prioriza questões próximas de seus espectadores, em vez de reproduzir – mal – o que dezenas de outros canais falam sobre o mundo?

Em 1984, a TVE produziu um vídeo de uma canção de Os Replicantes chamada *Princípio do nada*, que proclamava: "Bom mesmo é tocar na garagem". Em 1985, a mesma TVE realizou um clipe da música *Surfista calhorda*, que, no mesmo ano, foi sucesso nacional e fez o Brasil aprender um pouco mais sobre o sotaque gaúcho. Tantos anos depois, com Os Replicantes ainda vivos e quicando, quanto vale uma emissora que contribui para o crescimento de muitos outros artistas, de todos os estilos? Talvez pouco, ou menos que nada, para os gaúchos que têm duas *surf shops* que só abrem ao meio-dia, vivem da herança milionária de uma tia e vão pra Nova Iorque estudar advocacia. Calhordas, por favor, aproveitem o Central Park e fiquem longe da cultura.

FABIÁN Y LA REVOLUCIÓN

Em *Um ensaio sobre a revolução sexual após Reich e Kinsey*, escrito em 1969, o francês Daniel Guérin defende a seguinte tese: para mudar um regime sexual conservador (hoje, provavelmente diríamos heteronormativo), é preciso, antes, fazer a revolução socialista. O capitalismo não permitiria, por força de seus mecanismos de controle dos meios de produção e de exploração dos trabalhadores, qualquer ataque mais consistente à família nuclear, eternamente patriarcal, machista e intolerante. A abençoada célula *mater* dá lucro e, por isso, é defendida pelo sistema contra qualquer comportamento desviante. Lendo o mais recente romance de Pedro Juan Gutiérrez, *Fabián e o caos*, fica evidente que uma das revoluções socialistas mais importantes da América Latina, a cubana, passou longe de estimular comportamentos desviantes, pelo menos em seus primeiros tempos. A perseguição aos *gays* (que, é claro, já existia nos tempos pré-revolucionários) tornou-se institucional e dramática.

Fabián é um talentoso pianista que trabalha num teatro de Havana em meados da década de 1950. Ele também é um discreto homossexual, com raros momentos fora do armário. Em 1959, com a tomada do poder pelos revolucionários, sua vida muda radicalmente. Para pior. Sua família, de classe média, perde quase todos os seus bens, estatizados pelo governo. Fabián perde seu emprego porque sua homossexualidade é considerada má influência para a juventude revolucionária. Finalmente, vai trabalhar numa fábrica de embutidos, onde retira gordura de panelas ferventes e esquarteja porcos. Seu melhor amigo, Pedro Juan (o personagem), tenta ajudá-lo, mas... Bom, é melhor conferir no romance de Pedro Juan (o escritor).

Será que Guérin não sabia o que aconteceu em Cuba? Será que sabia e achava que esse detalhe histórico era irrelevante? Será que sabia, mas achava que, com o tempo, a revolução cubana ofereceria maior liberdade para quem não segue as normas (o que, salvo engano, é verdade, tanto que, hoje, o preconceito é menor que no Brasil e o sistema de saúde cubano paga operações de troca de sexo)? Será que a intolerância é não ideológica? Não sei. Não sei mesmo. São muitos os mistérios do socialismo real e da sexualidade humana.

AS ESSÊNCIAS

Nosso cérebro é biologicamente programado para acreditar em essências. Esse processo é inevitável, já que o volume de informações que chega à mente humana é descomunal. Na hora de guardar o que realmente interessa, é preciso separar o que é dispensável do que é essencial. As essências também aparecem na comunicação. Se digo "adoro chocolate", estou me referindo à sensação que tenho ao colocar na boca um chocolate "essencial", uma imagem mental de todos os bons chocolates que comi na vida, e não uma barra específica, com 85% de cacau, sem adição de açúcar, que acho horrível, apesar de ser tão saudável. Platão defendia as essências, mas duvido que ele conhecesse chocolates dieteticamente corretos.

O maior perigo desse pensamento essencialista está na política. Vivemos, no Brasil, um momento conturbado, em que graves acusações cruzam os ares todos os dias. A agressão sofrida pelo repórter

Caco Barcellos numa manifestação no Rio por conta de ele ser "jornalista da Rede Globo" é um exemplo doloroso. Ver a Globo ou qualquer outra grande organização do setor de comunicação – RBS, Record, Grupo Folha, Bandeirantes, Abril etc. – como uma essência moral, como uma empresa "do mal" ou "do bem", é ignorar as centenas (ou milhares) de profissionais que nelas trabalham, cada um deles capaz de ser competente ou incompetente, de direita ou de esquerda, honesto ou desonesto.

Vale o mesmo para os partidos políticos. A satanização do PT é, na verdade, a desqualificação de um partido que ainda tem políticos honestos e capazes de contribuir para a reconstrução do Brasil. Digo o mesmo para PMDB, PSDB, PPS, PP, PSOL, PCdoB e todos os outros. Inclusive o DEM! O pensamento não essencialista exige coragem e capacidade de diálogo entre opostos. O pior de todos os atalhos é considerar que os "políticos" e a "política" são essencialmente ruins. A política é a única maneira de os cidadãos participarem da vida pública. Sem ela, viveremos numa sociedade que, aí sim, estará mergulhada nas essências do mal: o fascismo e a ditadura. Na hora de xingar um político, diga seu nome e sobrenome. Xingar "os políticos" ou "a política" é tão natural quanto perigoso.

MILAGRE

Um amigo falou, há algum tempo, que três contos de minha autoria tinham sido lidos no Sarau Elétrico do Bar Ocidente e "fizeram sucesso", o que não chega a ser uma consagração universal. O Ocidente é quase a minha casa desde o início da década de 1980, e com certeza havia outros amigos na plateia e no pequeno palco. Mesmo assim, fiquei feliz, procurei o livrinho na estante e, de pé, reli os três. Gostei. Tinham algum humor, certo apelo erótico e estavam escritos com a necessária compactação. Eram bons, pelo menos no meu tradicional estilo de julgamento, que lembra o de Márcia de Windsor no Programa Flávio Cavalcanti. Sentei e li o resto em pouco mais de uma hora. São apenas 126 páginas. O livrinho voltou à estante e a vida continuou.

Mas alguma coisa tinha mudado. Passei o resto do dia pensando: quem escreveu aqueles contos? Não fui eu, com certeza. Foi outro cara. Um cara que sentou na frente de uma máquina de escrever (alguns são bem antigos) ou de um computador (provavelmente um PC486) e mandou ver. Melhor: mandou (a si mesmo) escrever. E o cara – esse pau-mandado – obedeceu. Por quê? Não havia qualquer sentido em escrever. Aquele cara, de quem tenho vaga lembrança, escreveu sem propósito algum. Foi uma inutilidade, um tempo perdido, um impulso. Foi um gesto sem pé nem cabeça. Foi um milagre. E agora, tanto tempo depois, o milagre é reencenado no Bar Ocidente, e eu não estava lá para presenciá-lo. Terei que continuar crendo sem ver, o que me faz – e esse não é um consolo suficiente – ser melhor que São Tomé.

A literatura é isso. Claro, às vezes é mais do que isso. João Giberto Noll diz que literatura é salvação. Para Harold Bloom, é fonte de sabedoria. Para Michel Houllebecq, é o que sobrou, já que a filosofia nada mais tem a dizer. Para mim, é um milagre que permitiu um reencontro, mesmo que fugaz, com alguém que, no meio de inúmeros palavrões, personagens mal esboçados e piadas que (só) funcionam no Ocidente, afirma: "Sim, eu existi. Não te esquece de mim. Eu era assim". E agora só resta repetir a clássica indagação do psicanalista Paulo Sérgio Guedes: será que, em vez de inutilmente tentar ser melhor do que eu era, consegui ser melhor o que eu era?

1Q84

Quatro milhões de exemplares vendidos só no Japão e críticas positivas em alguns dos principais jornais e revistas do mundo são provas inquestionáveis de que o romance *1Q84*, de Haruki Murakami, é uma obra bem-sucedida. A leitura de suas 1272 páginas exige certo tempo do leitor, mas o texto flui fácil. Nos dois primeiros volumes, a narrativa gira em torno de uma jovem assassina profissional e um escritor em começo de carreira. No terceiro e último, surge um detetive particular ligado ao submundo do crime. É difícil definir o gênero da trama. Tem boas doses de realismo fantástico, uma pitada de ficção científica e clima de policial *noir*, tudo cozinhado em molho metalinguístico. Murakami deve ter pensado: com uma história tão longa e pouco convencional, é melhor que o leitor seja muito bem informado sobre o que está acontecendo. O autor, então, pega o leitor pela mão e vai explicando tudo. Não uma nem duas vezes. Muitas vezes. A redundância, que costuma ser evitada em nome da compactação narrativa, é a regra de *1Q84*.

Num primeiro momento, é reconfortante. À medida que eu avançava na compreensão dos aspectos mais esotéricos da história, minhas interpretações eram reforçadas. Passadas algumas centenas de páginas, contudo, a sensação era que Murakami estava me tratando como um leitor burro ou desatento. Se Umberto Eco escreve para um leitor enciclopédico, Murakami escreve para um leitor que não tem certeza se vovô viu a uva. Detalhes da consciência dos personagens tornam-se tão redundantes que dá vontade de pular alguns parágrafos. Como sou fã de Murakami – de *Norweggian Wood* em especial –, não fiz isso.

O que os personagens principais pensam, o que os secundários fazem (e por que fazem), as causas e os possíveis desdobramentos dos eventos fantásticos, tudo é mastigado e entregue como uma papinha fácil de engolir. Não precisa nem mastigar. *1Q84* às vezes se assemelha a uma novela de TV, em que o roteirista está sempre pensando na possibilidade de o espectador perder algum diálogo porque está tirando o jantar do forno. Confesso que fiquei um pouco irritado, pois gosto de romances que me desafiam. Ao mesmo tempo, o que me irritou pode ser a principal razão dos quatro milhões de exemplares vendidos só no Japão. Murakami com certeza não ficou irritado.

DESAFINANDO EM LA LA LAND

Gosto de filmes musicais, antigos e contemporâneos. Adoro *Cantando na Chuva* (1952, de Gene Kelly e Stanley Donen), sempre é bom rever *Cabaret* (1972, de Bob Fosse), acho que Lars von Trier foi genial em *Dançando no escuro* (2000) e curto muito o romantismo exagerado de *Moulin Rouge: amor em vermelho* (2001, de Baz Luhrman). Vi duas vezes seguidas *Bem amadas* (2011, de Christophe Honoré) e fiquei alguns meses ouvindo a trilha no carro. Que belas canções, que letras inspiradas, que elenco afinado, que história bacana, cheia de amores e tragédias! Portanto, antes de ver *La La Land* (2016, de Damien Chazelle), um musical aclamado pela crítica e multi-indicado ao Oscar, eu tinha certeza que iria me divertir. Pois não me diverti. Pelo contrário: fui me irritando aos poucos e, no final, estava decididamente aborrecido. É um filme chato, banal e irrelevante.

Sei o que faz de *La La Land* uma obra bem-sucedida. É um filme "espetacular" no mesmo sentido em que são "espetaculares" os filmes de super-heróis da Marvel e da DC Comics. A câmera faz movimentos espetaculares, os números de dança têm momentos espetaculares (especialmente pelo número espetacular de bailarinos) e os cenários de Los Angeles são espetacularmente bonitos, enquanto Ryan Gosling e Emma Stone fazem o possível para ser espetacularmente charmosos. Nunca vi dois personagens mal de grana tão bem-vestidos, penteados e maquiados. Tudo está "certo" em *La La Land* para fazer o espectador ficar espetacularmente satisfeito. As canções são, musicalmente falando, bem fraquinhas, mas a Academia não concorda comigo e indicou duas delas para o Oscar. Enfim, o espetáculo não somente não pode parar como também tem que ser mais e mais espetacular.

Então, por que eu não curti *La La Land* nem um pouquinho? Porque, perto de todos os musicais que citei, a narrativa é muito mal desenvolvida. Nada a criticar quanto ao tema. "O artista lutando para ter uma chance" é um argumento clássico e poderia funcionar muito bem. Mas, como ensina Umberto Eco, não há nada errado em começar com um clichê. O problema é terminar com ele. *La La Land* é a mais espetacular sucessão de clichês de todos os tempos. E pode ganhar 39 Oscars que minha opinião não mudará.

ESCOLHA SUA INFÂNCIA

No belo e desconcertante epílogo de *Os fatos: a autobiografia de um romancista*, Nathan Zuckerman, personagem ficcional de Philip Roth, critica a narrativa pretensamente objetiva que Roth oferece sobre sua infância. Que fique claro: trata-se da infância real de Roth, não da ficcional de Zuckerman. O fato de este desaprovar explicitamente a publicação do texto de seu criador justifica, creio eu, o adjetivo "desconcertante" que usei na primeira linha deste texto. Roth é bom nesses jogos metalinguísticos, que alcançaram seu clímax em *Operação Shylock*. Mas não quero falar de literatura, e sim de memória. Ou do cruzamento dessas duas instâncias fundamentais para a humanidade.

O que um adulto já maduro, na casa dos 50 ou 60 anos, lembra de sua infância? Na opinião de Zuckerman, Roth está errado sobre a felicidade de seus primeiros anos, amparada por um pai trabalhador e sempre presente, um irmão confiável que sabia comprar bons livros e uma mãe amorosa (talvez amorosa demais, mas o que uma mãe judia pode fazer quanto a isso?). Zuckerman aposta numa infância sufocada por pais rígidos e numa adolescência sexualmente reprimida. Em quem devemos acreditar? O recado de Roth é, a meu ver, bastante claro: é impossível chegar a vereditos 100% confiáveis quando julgamos fatos que aconteceram há tanto tempo, mesmo que eles sejam tão definidores em nossas vidas.

Freud acreditava que, se os acontecimentos da infância fossem suficientemente terríveis, eles seriam jogados em um lugar escuro chamado inconsciente, de onde voltariam fantasiados de neuroses ou psicoses. Será? A epigenética ensina que as informações de DNA herdadas de nossos pais manifestam-se, na prática, em estrita colaboração com outras contingências – orgânicas, ambientais e sociais – desde a vida no útero. Não adianta estudar apenas o código genético para compreender o que somos. Temos que estudar tudo em volta. Se a psicanálise, ciência do século XX, carece de dados experimentais para ser confiável, as ciências cognitivas do século XXI nos oferecem dados em excesso. A arte, em particular a literatura, poderia ser um caminho alternativo, mas aí Roth embaralha a questão ainda mais. Talvez seja melhor admitir: morremos sem saber como começamos a viver.

POR QUE YUVAL HARARI É TÃO BOM?

Yuval Noah Harari era (pelo menos para mim) um completo desconhecido até o lançamento de *Sapiens: uma breve história da humanidade* no Brasil. O fato de ele morar e lecionar em Israel, longe das grandes editoras científicas e acadêmicas, talvez tenha atrasado um pouco o seu sucesso. Ou, o que é mais provável, talvez essa seja a sua primeira obra capaz de atingir o leitor com a força de um direto no queixo, a ponto de ser traduzida para mais de 30 idiomas. Qual a razão de tamanho impacto? É simples responder: não é um livro de História, não é um livro de Biologia, nem de Sociologia, nem de Antropologia, nem de Psicologia. É um livro realmente transdisciplinar. O campo original de Harari é a História, e ele parte de uma base sólida construída em Oxford, mas, como dizem os melhores técnicos de futebol, não importa muito de onde partem os jogadores, mas sim aonde eles chegam.

O diálogo entre as ciências sociais, as ciências biológicas e as ciências exatas tem sido incentivado nas melhores universidades do mundo. Na prática, contudo, o cotidiano de pesquisadores interdisciplinares – aqueles que estabelecem um paralelo entre dois ou mais campos de estudo – é bem complicado. Os grandes especialistas ainda dão as cartas na Academia e têm dificuldade para valorizar alguém que consegue sair de seu quadrado e tenta chegar a qualquer outra figura geométrica. Harari, entretanto, é mais que interdisciplinar; é transdisciplinar, isto é, conseguiu criar um texto que não trata da evolução da humanidade colocando História e Biologia em paralelo. Ele as integra, criando algo como a Cronobiologia, ou a Bio-história. *Sapiens* é um triunfo da não especialização.

Como se não bastasse, Harari nos entrega *Homo Deus: uma breve história do amanhã*, que funciona como um prolongamento de *Sapiens* em direção ao futuro. Nessa obra, ainda mais transdisciplinar, a filosofia entra na dança, e não se trata de um velho minueto ou de uma tranquilizadora sinfonia clássica. É *cyber punk rock* a todo volume nas caixas! O futuro descrito por Harari é mais que sombrio. É mais escuro que o lado escuro da lua, o que, infelizmente, parece combinar muito bem com o presente da história brasileira.

LEIA DE GRAÇA MAIS DE UM MILHÃO DE E-BOOKS

Um gigante do comércio eletrônico pela internet me mandou uma mensagem com a proposta acima. Ela foi direto pro lixo. Não me interesso por um milhão de livros, nem de papel, nem eletrônicos, nem em qualquer suporte existente ou que venha a ser inventado. Me interesso pelo que está escrito nos livros, e tenho com alguns deles – apenas algumas centenas – uma relação de respeito e amizade, que me faz guardá-los e protegê-los dos cupins e das traças, o que nunca será uma luta inglória, apesar de algumas derrotas humilhantes.

Também não fico emocionado com a possibilidade de acessar um milhão de músicas em formato digital, de graça ou pagando uma pequena taxa mensal. Meu gosto musical, apesar de eclético – da música barroca de Bach e Vivaldi ao *trip-hop* dos anos 1980 e 1990, passando, é claro, por Raul Seixas, Velvet Underground e Sex Pistols –, está definido e, de certo modo, concretizado em minhas coleções de LPs e CDs. Isso não me impede de, eventualmente, procurar coisas novas na internet. Mas eu comando minhas buscas e não preciso de alguém me dizendo: "Se você gostou disso, vai gostar também daquilo".

A internet é uma máquina de substituir qualidade por quantidade. A rede parece provar, a cada hora, que Heidegger estava certo: estamos agendados pela *performance*, pelo número, e só vence na vida quem diz sim e se encaixa na armação da técnica. Um milhão de livros. De graça! Pra que serve ter um milhão de livros no computador? Pra nada. Eu ficaria fascinado se a rede me dissesse onde encontrar *Viagem interplanetária*, de A. E. Van Vogt, o número 9 da Coleção Argonauta. Aquela lacuna na minha estante dá um milhão de gritos por dia.

Também não quero, ao contrário de Roberto Carlos, ter um milhão de amigos. Tenho alguns milhares de ex-alunos. Gosto de encontrá-los e tentar lembrar o ano em que estivemos juntos numa sala de aula. Nem sempre dá certo. Com os meus 5 mil amigos no Facebook, tenho uma relação interessante: nos falamos de verdade quando alguém consegue dizer alguma coisa original e pessoal, o que é bastante raro. No mais, é uma ferramenta interessante para encontrar pessoas, fazer convites e falar bobagem. Esta última atividade, posso garantir, funciona bem melhor com dois amigos e uma garrafa de vinho.

ETERNOS INIMIGOS?

A polêmica travada no jornal *O Globo* entre Bruno Wainer (da Downtown, poderosa distribuidora de filmes brasileiros) e o diretor Cacá Diegues (de *Xica da Silva*, *Bye Bye Brasil* e *Deus é Brasileiro*), travada com civilidade, mas com golpes fortes de lado a lado, me lembrou o melhor documentário de vida animal de todos os tempos (na minha modesta opinião): *Leões e Hienas: Eternos Inimigos*. Produzido pela National Geographic, com direção de Dereck e Beverly Joubert, tem imagens muito fortes e um texto espetacular, que nos leva a pensar em conflitos que acontecem bem longe da savana africana.

Wainer escreveu: "Acredito que as razões para essa grande quantidade de filmes produzidos que não encontram espaço nas telas de cinema é que, salvo honrosas exceções, estes são realizados na sua origem sem planejamento, sem compromisso com resultado, sem parceria com um distribuidor. A verdade é que os maiores sucessos do cinema brasileiro nasceram da colaboração estreita entre distribuidores e produtores". Em outras palavras: produtores, roteiristas e diretores não sabem o que o público quer e não perguntam para quem sabe. Portanto, "fracassam" quase sempre.

Diegues respondeu: "O que Bruno Wainer escreve poderia ser esquecido, se não representasse perigosa concepção conservadora, concentracionária e financista, capaz de atrair incautos responsáveis pelo nosso cinema. (...) O cinema é uma indústria, mas não é apenas uma indústria. Reduzi-lo a isso seria como reduzir a indústria farmacêutica, por exemplo, a seu resultado de vendas. O cinema é uma economia criativa, muito mais complexa que a banalidade de uma indústria de resultados imediatos". Em outras palavras: não dá pra julgar filmes só pela sua bilheteria.

A questão é: esse conflito, que reaparece de tempos em tempos desde a invenção do cinema, um dia terá fim? Ou estamos condenados a assistir para sempre a um documentário chamado *Cineastas e Distribuidores: Eternos Inimigos*? O final do documentário sobre leões e hienas não é muito otimista: "Nem sempre é fácil testemunhar essas batalhas. Mas, no fim de tudo, talvez possamos aprender mais sobre nós mesmos e as batalhas constantes que habitam nossas almas. Criaturas de instinto, incapazes de mudar seu destino, esses eternos inimigos continuarão lutando para sempre".

PRIMEIRO ENCANTAR, DEPOIS ALIMENTAR A CONSCIÊNCIA

O cinema deve encantar e divertir as pessoas. De boas intenções e bons temas o inferno cinematográfico está cheio. Mas isso não impede que um filme, depois de cumprir sua função primária, sirva para que o espectador reflita sobre si mesmo e sobre o mundo que o cerca. A conscientização de cada indivíduo – no caso, cada espectador – é o primeiro passo para ações políticas em grupo. Se as grandes utopias de salvação coletiva estão moribundas, que pelo menos façamos as uniões estratégicas locais para enfrentar nossos dilemas cotidianos. A luta da AMACAIS (Associação Amigos do Cais Mauá) para fazer valer sua visão do futuro de Porto Alegre é um excelente exemplo de consciência cidadã e combativa.

O documentário islandês *Inssaei: o poder da intuição*, das diretoras Hrund Gunnsteinsdottir e Kristin Ólafsdótti, força o espectador a sair da zona de conforto do consumismo capitalista sem limites. Assim, ele talvez perceba que esse suposto conforto está acabando rápido, à medida que esgotamos insanamente, agora com a benção diabólica de Trump, todos os recursos disponíveis. Essas duas mulheres de nomes impronunciáveis fizeram um filme que todo mundo entende e que, caindo em terreno minimamente fértil, pode produzir uma nova perspectiva para a interpretação do mundo.

Insaaei defende que tanto a arte quanto a ciência precisam considerar a intuição humana como uma força prodigiosa e ainda subaproveitada. A ciência coloca a intuição como uma espécie de ponto de partida para o pensamento racional, enquanto a arte comumente a trata como inspiração irracional. *Insaaei* mostra que a intuição pode estar presente nas conclusões, e não nas hipóteses, das melhores pesquisas científicas, ao mesmo tempo em que atravessa, mesmo que o artista não perceba, suas obras mais perenes. Assista ao filme, acompanhe suas belas imagens e ouça vozes que não estamos acostumados a ouvir. Minha intuição diz que vale a pena.

MUSEUS DE GRITOS E SUSSURROS

Os gritos mais assustadores que ecoam na grande crise brasileira são os que pedem a "volta dos militares", o que implica pedir a volta da ditadura. Ou alguém pensa na candidatura de um militar da ativa nas próximas eleições? Não tenho a menor dúvida de que existem generais democráticos e com espírito patriótico, mas duvido que algum deles vá fazer política nesse cenário conturbado. Vou ignorar quem grita pela ditadura com plena consciência do que aconteceu no Brasil entre 1964 e 1988. Esses não têm remédio, embora a loucura, em especial a dos poderosos, deva ser sempre bem vigiada. Escrevo para os que gritam na perigosa corrente da inconsciência histórica, navegando na própria ignorância.

Em Lisboa, no prédio que abrigou uma das prisões do regime salazarista, funciona o Museu do Aljube (do árabe "poço sem água"). Portugal enfrentou 48 longos anos de ditadura (1926 a 1974), que só terminou com a Revolução dos Cravos. O que aconteceu nesses anos todos pode ser revisto e relembrado nos três pisos desse museu: celas minúsculas, julgamentos de fachada, sessões de tortura, deportação para as colônias e assassinatos. Em Santiago do Chile, o Museu da Memória e dos Direitos Humanos, em prédio imponente, cumpre a mesma função, mostrando o que fez Pinochet em seus anos de despotismo absoluto. Quem vai a esses lugares não busca obras de arte nem alimento para o espírito. Mesmo que busque, encontrará apenas o testemunho de décadas de gritos de dor e sussurros de esperança.

Ouvi dizer que aquele sobrado amarelo – um centro clandestino de tortura conhecido como Dopinha entre 1964 e 1966 – na descida da rua Santo Antônio, em Porto Alegre, poderá ser transformado em sede de um memorial semelhante aos existentes em Lisboa e Santiago. É importante que isso aconteça, e logo. Há milhões de jovens que querem, de coração, um Brasil melhor, mais honesto, mais justo, mas são levados por espertalhões a acreditar nos benefícios de uma intervenção inconstitucional que elimina a democracia. Eles precisam olhar pelas janelinhas das celas do Aljube ou do Dopinha e perceber que ali poderia estar um parente, um amigo ou eles mesmos. Precisamos, urgentemente, de mais museus de gritos e sussurros.

O QUE COLOCAR NO LUGAR DA HISTÓRIA?

Uma das correntes mais significativas do cinema contemporâneo – e talvez a mais vitoriosa nos festivais – é aquela que, sob nomes como "cinema de fluxo", "cinema contemplativo" e "cinema poético", propõe um esvaziamento do espaço antes ocupado pela narrativa. O cinema, desde que foi inventado, no final do século XIX, quase sempre recorre a estruturas que o teatro e a literatura já haviam criado: personagens, tramas, conflitos. Filmes geralmente contam histórias e são julgados – pelo público e pela crítica – pela qualidade cinematográfica dessas histórias. Será que esse tipo de filme está superado?

De minha parte, proponho a questão (que é também uma provocação): o esvaziamento da narrativa no cinema revela uma crise da ficção ou não passa de um modismo estéril? Não é uma pergunta fácil de responder. Antes de chegarmos ao que está acontecendo nos filmes, temos que passar pelo conceito de "crise", que hoje é coisa bem diferente do que significava nos anos 1960, quando os cinemas novos colocaram as convenções de Hollywood "em crise". Agora, as crises não são necessariamente rupturas, nem apontam para algo necessariamente "novo".

 Eu sempre gostei de histórias – na literatura, no teatro e no cinema –, mas reconheço inúmeras tentativas muito bem-sucedidas nas três linguagens que fazem da narrativa um pano de fundo para algo mais importante. Quando Joyce escreveu *Ulisses*, sua maior preocupação não era fazer o leitor "entender" e "emocionar-se" com as ações de Leopoldo Bloom, de resto bastante triviais. E o que sua esposa Molly está "fazendo" nas últimas 54 páginas do romance? Nada. Contudo, Joyce colocou alguma coisa importante no espaço vazio da história, e é esse recheio pouco usual que garantiu seu reconhecimento como um grande autor. Proponho discutir não o vazio narrativo do cinema de fluxo/contemplativo/poético, mas sim o que os cineastas colocam no lugar do vazio. Aí veremos quem obtém glória eterna, ou ao menos cinco minutos de fama.

OS ARTISTAS EXILADOS

Platão afirmava que, na sua República, os filósofos – que hoje com certeza teriam a companhia dos cientistas – estariam nos postos de comando. Políticos e militares estariam um pouco abaixo; escravos, fazendo todo o trabalho pesado; e os poetas, esses inúteis, seriam gentilmente levados ao exílio. Ainda tem gente que pensa como Platão e, quando os governos cortam as verbas destinadas à cultura ou atrasam pagamentos para artistas, acha tudo muito natural. Mas não é natural. Quem diz isso, vejam só, são os cientistas e os filósofos contemporâneos.

Nicholas Humphrey, psicólogo de Cambridge, fez uma pergunta interessante em 1987: o que você faria se fosse obrigado a eliminar da história uma das seguintes obras: os *Principia*, de Newton, a ópera *Don Giovanni*, de Mozart, ou a Torre Eiffel? Como os *Principia* estabelecem toda a base da física moderna, você provavelmente não escolheria mandar o livro de Newton para o esquecimento. Como imaginar a ciência sem aquelas leis? Contudo, você está redondamente enganado. Se Newton não tivesse descrito essas leis, alguém, cedo ou tarde, teria feito o mesmo trabalho. A ciência não pertence a ninguém; é um ato de descoberta. Já *Don Giovanni* é de Mozart, só dele, enquanto a Torre Eiffel é fruto da imaginação de Gustave Eiffel. São atos de criação. São insubstituíveis.

Pra botar mais lenha na fogueira, Michael Gazzaniga, neurocientista da Universidade da Califórnia, afirma que a ficção nos dá tranquilidade para viver, à medida que organiza criativamente nossas memórias e nos dá relatos do mundo que não estão "certos" ou "errados" (como os produzidos pela ciência), mas que nos permitem recordar o que somos a cada instante de nossas vidas, formando a consciência. Ele chama essa capacidade de "intérprete", mas poderíamos usar a palavra "ficção" sem perder o sentido geral.

Enfim, investir nas artes e na cultura tem, sempre, um impacto muito grande na sociedade, que é capaz de "se pensar" e de interpretar o mundo com mais sofisticação e profundidade. O problema é que, na nossa República, os políticos tomaram o lugar dos filósofos há tempo, e o exílio dos artistas acontece quase todos os dias. Se não os chamarmos de volta, nosso futuro será sombrio.

O GRANDE MEDO

Há um grande medo no ar: o de falar qualquer coisa sobre sexualidade, cor da pele e gênero. Há vários adjetivos nos dicionários prontos para carimbar uma fala politicamente incorreta: sexista, racista, homofóbica etc. E há até um curso de extensão na minha universidade, a PUCRS, intitulado "Como falar sobre gênero e sexualidade sem medo". Quando vi o cartaz, pensei que era uma brincadeira, mas, pelo contrário, é uma atividade acadêmica séria, do jornalista e mestrando em Comunicação Social Gabriel Galli, que atraiu um bom público em sua primeira edição. Um de seus objetivos é "colaborar na formação de estudantes e profissionais para a compreensão e aplicação de conceitos sobre diversidade sexual, gênero e direitos humanos".

Compreender novos conceitos e novas convenções é essencial para que haja boa comunicação. Uma parte considerável dos conflitos entre os militantes de movimentos que lutam pela supressão de preconceitos e os cidadãos comuns (que não combatem cotidianamente nessa arena) acontece em torno de palavras cujo significado mudou com o tempo. Palavras podem ser perigosas, em especial as que saem de bocas inocentes nesse contexto social conturbado em que vivemos. Não se trata de autocensura, mas sim de uma estratégia para evitar que os conflitos importantes – que levam ao enfrentamento de pessoas realmente machistas, racistas e homofóbicas – não sejam confundidos com deslizes semânticos de quem não se deu conta de novos sentidos e novas interpretações, hoje muito mais restritas que no passado.

Meu amigo Wander Wildner já pediu desculpas por ter usado termos inadequados ao se defender de ações antiprofissionais e desrespeitosas das quais foi vítima em uma casa noturna de São Paulo. Ele disse que errou, e, a partir dessa constatação, creio que não perde nem um centímetro de sua envergadura ética e artística. Alvo de comentários apressados e, às vezes, maldosos, que, como é usual, distorcem fatos e provocam julgamentos sumários na internet, Wander deve continuar compondo, tocando e cantando com alegria, liberdade e irreverência. Contudo, ou aprendemos a usar as palavras com mais cuidado, ou aprendemos a calar. Eu marco a primeira alternativa.

A FALSA CEGA

A foto, muito famosa, é do norte-americano Paul Strand. Foi tirada em 1916, nas ruas de Nova Iorque. Mostra uma senhora que vende jornais, mas estes não aparecem no enquadramento de Strand. Ela está vestida com uma roupa preta e leva em seu peito uma grande placa com a palavra *blind* (cega). Seu olho direito, quase fechado, possivelmente não é capaz de ver coisa alguma. Mas o esquerdo, com a pupila virada bem para o lado, está observando alguma coisa. Como ter certeza? Basta olhar para o seu rosto, que demonstra, inequivocamente, uma postura de quem analisa o mundo à sua volta. Strand usou uma câmera escondida para fazer essa e outras imagens do cotidiano de uma grande cidade sem que seus personagens percebessem.

A Justiça no Ocidente costuma ser representada por uma mulher vendada que segura uma balança. A metáfora é bem óbvia: os representantes da Justiça pesam as provas depositadas na balança e, de forma isenta, sem olhar para o réu – que pode ser rico ou pobre, branco ou negro, amigo ou inimigo –, decidem o seu destino na ação em curso. A Justiça brasileira e a Justiça gaúcha têm seguido essa imagem? Claro que não. Alguns juízes agem como a vendedora de jornais na foto de Strand: cegos e isentos na placa que levam no peito, mas pelo menos um de seus olhos está bem aberto, enxergam o mundo com toda a subjetividade inerente à nossa faculdade de visão e julgam o réu de acordo com suas próprias convicções ideológicas.

O resultado do julgamento da chapa Dilma-Temer no TSE e, em especial, as manifestações flutuantes de Gilmar Mendes acabam com qualquer fé na cegueira da Justiça. Mendes conseguiu a façanha de fazer um país inteiro desconfiar de nossas cortes mais elevadas. Não menos decepcionante foi o comportamento da Justiça gaúcha no caso da desocupação da casa que servia de abrigo para dezenas de pessoas que não tinham teto, incluindo crianças e mulheres grávidas, jogadas na rua como se fossem bichos. Abrir caminho para a violência "legalizada" contra cidadãs e cidadãos numa noite fria de véspera de feriado, alegando que as negociações pacíficas haviam se encerrado, não pode receber o nome de Justiça. Muito menos de Justiça cega. Strand retratou a Justiça brasileira 101 anos atrás.

MULHERES NO COMANDO

Não é fácil romper as convenções masculinas na indústria audiovisual, criadas por homens para o prazer visual dos homens. A estratégia que tem se revelado mais eficiente é também a mais óbvia: colocar as mulheres nos postos de comando. Duas séries de TV contemporâneas – bem diferentes na temática, mas semelhantes no esforço de valorizar o universo feminino – confirmam esse fato. Tanto *Outlander* quanto *The handmaid's tale* são obras de grande qualidade que não reproduzem os estereótipos machistas, especialistas na transformação das personagens femininas em meros objetos para o desejo do sexo oposto.

Outlander é baseada na série literária homônima de Susan Gabaldon. Embora tenha sido desenvolvida por um homem, há duas roteiristas e uma diretora na equipe de realização. No sétimo episódio da primeira temporada, que tem uma longa cena de sexo, as mulheres estão no comando, e tanto o roteiro quanto a direção são femininos. O resultado é bem interessante. *The handmaid's tale* foi adaptada de um romance de Margareth Atwood. Nos dez episódios da primeira temporada, a supremacia feminina é imensa: oito foram dirigidos por mulheres. A série mostra uma sociedade tão machista que algumas mulheres são estupradas legalmente por seus patrões, com a benção da Igreja. Mas elas vão contra-atacar!

Até o cinemão de Hollywood vem tentando ampliar o espaço feminino. *Mulher Maravilha*, filme de uma super-heroína, foi dirigido por uma mulher, Patty Jenkins. Pena que o roteiro, escrito por três homens, recorra a um desfile de clichês que talvez não sejam exatamente machistas, mas passam longe de libertar a amazona das velhas armadilhas do amor romântico. Quando chega a hora do sexo, uma introdução constrangedora é seguida por uma elipse mais falsa que a maquiagem imaculada da guerreira. Convém, contudo, ter certa paciência com Hollywood. Não se muda um século de desigualdade de uma hora pra outra. Se as mulheres continuarem sua escalada profissional, pouco a pouco teremos um cinema e uma televisão mais igualitários e mais interessantes. Não é que os homens sejam ruins; eles apenas precisam reconhecer que as mulheres podem fazer tudo um pouquinho melhor.

PROFISSIONAIS

O sujeito trabalha por vários anos na promotoria pública, pago pelos cidadãos para fiscalizar os desmandos dos ricos e poderosos, denunciar autoridades envolvidas em corrupção e lutar por uma sociedade mais justa. Sai da promotoria e, algum tempo depois, atua como advogado de defesa dos ricos e poderosos envolvidos na corrupção que ajudou a denunciar. Ganha um bom dinheiro com isso. Há algum problema? Não. Afinal de contas, ele é um profissional.

O sujeito trabalha com *marketing* político, pago – pelo menos supostamente – por um candidato de direita. Usando seu talento, ataca ferozmente o candidato adversário, de esquerda, com todas as armas possíveis, e conquista uma grande vitória eleitoral. Na eleição seguinte, o sujeito, contratado pelo político de esquerda que ajudou a derrotar, ataca ferozmente o candidato de direita. Ganha uma montanha de dinheiro com isso. Há algum problema? Não. Afinal de contas, ele é um profissional.

O sujeito é jogador de futebol. Diz, sem ninguém pedir, que ama seu clube mais que a mãe e a noiva juntas. Quando faz um gol, beija o distintivo na camiseta em vez de beijar a aliança de noivado. Dois meses depois, está no clube rival. Nem precisa dar explicações: a imprensa diz para os torcedores que ele é um profissional. Profissionais, pelo visto, têm o direito de mudar de lado em questões jurídicas, de ideologia em questões eleitorais ou de clube em questões contratuais, sem pensar, nem por um segundo, se há alguma questão ética envolvida.

O profissionalismo virou uma espécie de salvo-conduto para ignorar o próprio passado, como se a biografia de um sujeito pudesse ser reescrita a cada anotação na carteira de trabalho. Talvez promotores, marqueteiros e jogadores de futebol não estejam envolvidos nas mesmas questões éticas. Ou, quem sabe, são as mesmas, mas em graus de complexidade diferentes. Mas alegar profissionalismo para dizer agora o oposto do que disse antes é exatamente o contrário do que cantava Raul Seixas. Ser uma metamorfose ambulante era uma maneira poética de ver a vida em constante mutação. Agora, com esses profissionais no microfone, virou uma maneira pragmática e cínica de sempre levar vantagem em tudo.

O CLICHÊ FEMINISTA
DE SOFIA COPPOLA

Sou fã de Sofia Coppola. *As virgens suicidas* é uma história feminina de desespero adolescente filmada com grande sensibilidade, sem perder a necessária força dramática. *Maria Antonieta* é uma narrativa feminina sobre o poder de adaptação dos seres humanos, realizada com bom humor e belas doses de pós-modernidade. *Um lugar qualquer* é uma fábula sobre o mundo efêmero do cinema e das celebridades em confronto com o mundo eterno das relações parentais. Sofia Coppola não é apenas uma cineasta talentosa, daquelas que, na saída o cinema, a gente diz que "sabe filmar". Ela sabe encontrar histórias conectadas ao imaginário contemporâneo, dialogando com ele sob seu ponto de vista único e pessoal. Enfim, é uma cineasta do primeiro time.

Por isso, assistir a *O estranho que nós amamos* é uma experiência bem decepcionante. Em primeiro lugar, porque não é uma história feminina. É uma história masculina narrada com um tom feminista bem rasteiro. O verdadeiro feminismo contemporâneo é muito mais sofisticado do que ficar acusando os homens de nunca resistir a seu indomável desejo sexual. O personagem vivido por Colin Farrell é uma versão estereotipada de *O médico e o monstro*, de Robert Louis Stevenson. Doce e gentil quando está fragilizado pelo seu ferimento, torna-se um completo idiota, sensual e agressivo quando consegue sair da cama. Seu rumo? A cama de uma mulher. Qualquer mulher. Para completar o enredo moralizante, é claro que ele será devidamente castigado.

Para nós, gaúchos, *O estranho que nós amamos* ainda tem um inevitável gosto de café requentado. A trama lembra muito *A casa das sete mulheres*, tanto no original de Letícia Wierzchowski quanto na sua encarnação televisiva: numa grande residência rural, isolada do mundo por uma guerra civil, uma grupo de mulheres tenta manter seu cotidiano "feminino" apesar da violência dos homens. Tudo bem, a base do filme de Coppola é outro livro (de Thomas Cullinan) e outro filme (de Don Siegel), mas o que se espera de uma boa adaptação é uma releitura criativa do enredo original, e não a sua adequação a uma agenda política previamente determinada, por mais relevante que ela seja. *O estranho que nós amamos*, com sua fotografia "desmaiada", que pasteuriza as boas interpretações do elenco feminino, é um aborrecido clichê feminista.

EU, UM PEQUENO-BURGUÊS

A esquerda – e não só a esquerda brasileira – costuma usar o termo burguês de forma bem pejorativa. Burgueses seriam aqueles sujeitos que, fascinados pelos bens de consumo e pelo conforto proporcionado pelo capital que conseguiram acumular, se opõem à massa de trabalhadores, o tal povo, que quase não tem bens de consumo e está muito longe de uma vida confortável. Como trabalho duro desde os 19 anos e sou filho de um profissional liberal que criou meia dúzia de filhos trabalhando mais duro ainda, nunca consegui me ver como um burguês, e sim como um participante da grande massa que, da manhã à noite, corre atrás do seu sustento e do de seus familiares. Eu pensava que era do povo.

Por isso, fiquei muito confuso quando, há muitos anos, no decorrer de uma interminável discussão que entrava pela madrugada em torno dos méritos estéticos da obra de Woody Allen (que, para mim, eram evidentes), um colega cineasta do centro do país, sinalizando que o debate estava encerrado, disse, em tom ríspido: "Eu não tenho culpa da tua educação pequeno-burguesa". Fiquei confuso, não sabia como contra-argumentar, me calei e o meu silêncio significou, pelo menos para os demais participantes da discussão, que eu admitia a derrota. Não guardo rancor do colega. Pelo contrário. Aquela noite me fez compreender como funciona o raciocínio de certa esquerda de viés totalitário, brasileira ou de qualquer parte do mundo.

Hoje, tenho plena consciência de que minha educação pequeno-burguesa me transformou mesmo num pequeno-burguês. Um pequeno-burguês assalariado. Um pequeno-burguês pequeno empresário. Um pequeno-burguês professor. Um pequeno-burguês cineasta. Um pequeno-burguês que tem, entre seus ídolos do cinema, um bando de outros pequeno-burgueses, um bando tão grande que vai ser difícil encontrar o baixinho Woody Allen no meio deles.

Agora, mais consciente de minha posição social, eu gostaria de voltar no tempo, ao momento exato em que fui chamado de pequeno-burguês e me calei, para responder: "Minha educação pequeno-burguesa me transformou num pequeno-burguês de esquerda, enquanto a tua educação pseudorrevolucionária te transformou num grande prepotente de esquerda. E eu também não tenho culpa".

NÃO INTERESSA SE ERA ARTE: ERA PENSAMENTO

A livre manifestação de pensamento não é uma prerrogativa das obras de arte. Discutir se a exposição *Queer Museu* – que apareceu no segundo semestre de 2017 no Santander Cultural, em Porto Alegre – tinha valor artístico ou não é irrelevante face ao que aconteceu. Debater se as pinturas e as instalações eram de "bom gosto" é mais irrelevante ainda. A irrelevância máxima é tentar definir se havia algum tipo de pornografia. Isso é mais inútil do que enxugar gelo. O que alguém chama de pornografia pode ser a fé religiosa do seu vizinho. O que realmente importa é analisar a maneira como a exposição – em que ideias e pensamentos sobre a sexualidade circulavam – foi atacada por pessoas que se sentiam incomodadas.

Vivemos – teoricamente, pelo menos – num Estado de direito. Os incomodados tinham várias opções. Retirar-se (daí vem a velha frase "Os incomodados que se retirem") e deixar os não incomodados em paz. Seria uma beleza. Só que não. Eles poderiam recorrer à lei, denunciando a mostra para o Ministério Público, chamando a polícia e dizendo que crianças estavam sendo moralmente abusadas ou encaminhando uma petição a um juiz. Só que não. Eles poderiam promover uma grande campanha contra a exposição nas redes sociais, o que realmente fizeram, manifestando seu pensamento, por mais abjeto que seja. Criada a inevitável polêmica com os não incomodados, ela chegou ao *Washington Post* e ao *New York Times*. A Justiça está aí para reprimir as injúrias e os abusos verbais, que foram muitos, conforme manda a lei.

Mas os incomodados não tinham o direito de invadir a exposição e ameaçar seus frequentadores, como fizeram várias vezes. Não tinham o direito de gravar vídeos mostrando as obras de forma distorcida para propagar mentiras. Não tinham o direito de gritar como loucos que crianças estavam vendo pornografia. Foram essas ações físicas, que colocavam em perigo as obras, o público e o local da exposição, que levaram à sua interrupção. O Santander Cultural tem muitos seguranças, mas eles não conseguiram mais garantir a integridade de quem estava lá. Seria um absurdo retirar apenas as obras "condenadas", chancelando o julgamento de uma minoria reacionária. Seria temerário esperar um conflito violento. A manifestação de pensamento sobre um assunto relevante para a sociedade sucumbiu a um ataque de quem não admite pensamento diferente do seu. É triste. E essa tristeza não tem nada a ver com arte.

A GRANDE ILUSÃO
DOS SENHORES DA MORAL

Quando leio os relatos sobre os esforços dos grandes senhores da moral para afastar das crianças e dos adolescentes conteúdos que julgam impróprios, minha primeira reação é de raiva. Afinal, eles estão interpretando de forma equivocada e maliciosa a legislação que protege os menores de idade contra agressões reais – infelizmente, tão comuns – para tentar censurar qualquer manifestação cultural que contrarie sua visão de mundo, geralmente tacanha, reacionária e falsamente moralista.

Depois da raiva, contudo, considerando que esses senhores quase sempre agem levados por boas intenções e estão condicionados por processos às vezes inconscientes (sabe-se lá o que passaram em sua infância), só sinto uma coisa: pena. Uma imensa pena. Esses senhores acham que são capazes de controlar o que as crianças e os adolescentes veem, ouvem e experimentam. Eles acham que são deuses, que têm onipresença, ou que são super-heróis, com visão de raios X e audição miraculosa. Eles acham que têm controle absoluto sobre as tecnologias de comunicação de suas casas, sobre a caixinha da TV por assinatura, sobre os celulares dos seus filhos e dos amigos dos seus filhos, sobre o que dizem os professores e sobre o que mostram os livros da biblioteca da escola – sim, há coisas terríveis nas bibliotecas! Eles acham que estão na Idade Média, que Gutenberg ainda não inventou os tipos móveis e que o mundo não vive uma orgia irrefreável de comunicação que atravessa nossos corpos e nossos espíritos.

Tenho uma má notícia para esses senhores: o seu controle é uma grande ilusão. As crianças e os adolescentes veem e ouvem tudo. Tudo mesmo. Porque tudo circula nas redes. Os menores de idade têm uma competência enorme para achar o que lhes interessa. E adivinha o que mais interessa a uma criança que se aproxima da adolescência? Sim, é aquela coisa terrível: sexo! Os senhores da moral gostariam de revogar esse interesse, mas não podem. Só há uma coisa eficiente para que crianças e adolescentes compreendam o que veem e ouvem e sejam capazes de discernir o que é bom e o que é ruim. É uma palavra antiga, mas ainda poderosa: educação. Mas os senhores da moral fogem dela como o diabo da cruz.

ARTE E CIÊNCIA: DUAS IRMÃS

Meu pai era médico, minha mãe, dona de casa. Tiveram duas filhas, ambas médicas, e quatro filhos: dois engenheiros, um médico e eu, a coisa mais parecida com um artista que surgiu nessa respeitável prole. O que aconteceu comigo? Alguma mutação inesperada em meu DNA? É difícil falar em ambiente e educação, já que os seis filhos e filhas percorreram trajetórias bem semelhantes na infância e na adolescência. Mas não leram exatamente os mesmos livros, nem ouviram os mesmos discos, nem foram aos mesmos bailes. E, como diz a sabedoria popular, os bailes é que estragam as pessoas.

O mais provável é que tenha sido um pouco de tudo. Algum evento poderoso do meu passado – ler *A chave do tamanho*, de Monteiro Lobato, dançar um compacto de Chuck Berry ou assistir a *O Professor Aloprado* prestando mais atenção em Stella Stevens do que em Jerry Lewis – interagiu com os mecanismos genéticos que fabricavam minha personalidade, e o resultado é esse "eu" que carrego hoje, para o bem e para o mal. Pronto! Acabo de encontrar uma explicação científica para minha tendência artística.

Mas o caminho inverso também é comum. Minha irmã Maria, médica e cientista, faz vídeos lindos das suas viagens. Meu irmão Zeca, engenheiro mecânico, é um fotógrafo incrível. Meu irmão Luiz, engenheiro eletrônico, agora é piloto de *drone* e conta histórias usando alta tecnologia. Minha irmã Andréa, dermatologista, é uma colecionadora de antiguidades. Pra completar, meu irmão Antonio, médico especialista em saúde pública, iniciou uma carreira como gravurista. Aposto que o Dr. José e a Dona Léa nunca cogitaram colocar no mundo tantos artistas.

O físico David Bohm explica que tanto o artista quanto o cientista têm necessidade de "descobrir e criar algo inteiro, belo e harmonioso. No fundo, é o que um grande número de pessoas em todas as esferas da vida buscam quando tentam escapar da monótona rotina diária". Arte e ciência, assim, são duas irmãs ocupadas com a mesma tarefa: substituir o tédio pela criação. E nós, Gerbases, vamos nos ocupando também. Pelo menos enquanto não chega a hora do próximo baile.

MENTIRAS DIGITAIS

O ano de 2018 marcou o fim da transmissão analógica de televisão aberta no Brasil, que espalhava imagens e sons pelo país desde 18 de setembro de 1950, quando Assis Chateaubriand fundou a TV Tupi. A sua substituição pela tecnologia digital era inevitável por questões comerciais: a quantidade de canais aumenta de sete para um número que depende de muitas variáveis. A única certeza é que uma boa parte dos novos canais (tanto pagos quanto abertos) será usada para coisas extremamente úteis, como vender anéis de brilhantes, exorcizar demônios e transmitir sessões de *impeachment* com os piores atores da face do planeta.

A Anatel informou em seu site que a TV analógica sofre "mais oscilações, e, por isso, a qualidade das imagens é pior, com ruídos e interferências. Já no processo de transmissão digital, áudio e vídeo mantêm uma qualidade ótima, bem melhor que a da transmissão analógica, sem chuviscos e fantasmas na imagem". Pensei em convidar a Anatel para dar uma olhada na minha TV, que já operava no sistema digital. Durante anos enfrentei problemas de interferência das ondas de uma operadora de celular no sinal (muito bem pago) da TV por satélite. Realmente não havia chuviscos nem fantasmas. Infelizmente, não havia também imagem e som. Eu pagava por vários canais que simplesmente não chegavam à minha casa. Troquei de operadora e de sistema de transmissão, voltando ao velho e bom cabo. O problema anterior foi resolvido (agora tenho todos os canais contratados). Em compensação, se sopra um ventinho, cai um raio em Tupanciretã ou alguém fala mais alto no terceiro andar do edifício, a imagem congela e, dependendo de fatores misteriosos, volta em alguns segundos. No caso de um jogo de futebol, é o suficiente para querer quebrar a TV.

A maior mentira da TV digital, contudo, foi contada em seus primeiros tempos, quando as operadoras de canais pagos anunciavam: "Agora você pode ver seus filmes, programas jornalísticos e esportivos sem comerciais!" A verdade, todos sabemos: pagamos caro para assistir a canais que nos empanturram com anúncios de todo tipo, sendo que muitos são do pior tipo. Assim caminha a tecnologia. Assim caminha a humanidade. Sempre pode ficar um pouco pior.

OS SERES MINÚSCULOS

Há uma perigosa confusão semântica nos debates políticos que sacodem o Brasil. É claro que essa confusão é diariamente alimentada por quem gostaria de tomar posse do Estado a partir de uma posição temporária no governo. É assim mesmo: *Estado*, com *E* maiúsculo, porque estou usando a palavra para designar a nação brasileira, com sua estrutura política e sua Constituição; e *governo*, com *g* minúsculo, um grupo de pessoas que, vencedor de uma eleição, está habilitado a conduzir as questões políticas e administrativas dentro das normas legais por alguns anos.

Isso vale para todas as instâncias: municipal, estadual e federal. É muito triste ver o prefeito de Porto Alegre e o governador do Rio Grande do Sul alimentarem diariamente um conflito aberto com os funcionários públicos, alguns com dezenas de anos de serviço, como se eles fossem entraves ao bom funcionamento da cidade e do estado. Esses funcionários – professores, burocratas, motoristas de ônibus, médicos – fazem funcionar tudo que nos cerca e depende de ações públicas. Esses funcionários não estão apenas *a serviço* do estado. Eles *são* o estado. Com toda justiça, quando percebem que um ser minúsculo pretende mudar regras constitucionais, lutam e batem sinos.

É mais triste ainda ver um presidente minúsculo, que assumiu o governo de forma tortuosa e está sob permanente suspeita de corrupção, traçar estratégias para mudar o Estado – as reformas trabalhista e da previdência são os exemplos mais evidentes – a partir de acordos com seres ainda menores, deputados e senadores que se relacionam com o Estado como uma pulga se relaciona com um cachorro.

O Estado não é um ser imutável. Mesmo com *E* maiúsculo, está sujeito à dinâmica da história e aos ajustes necessários. É óbvio que os governos têm dificuldades orçamentárias. No entanto, esses seres minúsculos que hoje andam por aí com ares de autoridade não podem apontar soluções que, em vez de aprimorar o Estado, pretendem apequená-lo. Tem lógica: seres minúsculos querem um Estado mínimo. Nas próximas eleições, mais importantes que as questões morais são as questões que envolvem o Estado brasileiro. Ele deve continuar com *E* maiúsculo ou submeter-se aos seres minúsculos?

JORNALISMO OU PUBLICIDADE?

Quando fiz meu curso de graduação em Jornalismo, cursei algumas disciplinas de Publicidade e Propaganda. Os conteúdos de PP em nada se assemelhavam aos que apareciam nas aulas de Jornalismo. Os professores tinham estilos diferentes, as provas e trabalhos práticos eram completamente distintos, e logo ficou claro para mim que eu jamais seria publicitário. Eu não tinha, e ainda não tenho, o necessário poder de síntese, nem a capacidade de associar desejos extraordinariamente fortes a objetos e serviços de marcas específicas que, via de regra, são quase iguais aos das marcas concorrentes.

Sei que, tecnicamente falando, compartilhamos algumas habilidades e repartimos muitas estratégias retóricas. Além, é claro, de dividir as mesmas matérias-primas: palavras, sons e imagens que se transformam em narrativas. Mesmo assim, havia uma fronteira bastante clara entre o que faziam jornalistas e publicitários. E também era fácil perceber, independentemente do veículo de comunicação, o que era feito para informar e interpretar e o que era produzido para vender e convencer.

Essa fronteira acabou, sumiu, escafedeu-se. Locutores de rádio passam da notícia para o anúncio em meio segundo. Nos programas de TV, só falta entrevistar o produto tira-manchas e perguntar se ele ainda está solteiro. Na internet, conteúdos jornalísticos e matérias pagas – normalmente, mas nem sempre, identificadas com um pequeno selo de "patrocinado" – convivem lado a lado, em quadradinhos idênticos. No jornal, páginas inteiras – com manchetes, textos e fotos – fazem o possível para parecer páginas normais, quando, na verdade, são anúncios. Claro, normalmente, dá pra ler ali no cantinho que se trata de "informe publicitário". Mas tem que prestar atenção...

Minha questão é: por que isso está acontecendo? A publicidade perdeu a confiança em suas estratégias tradicionais? Os consumidores desenvolveram certa resistência às antigas associações emocionais que funcionavam tão bem e agora querem mais racionalidade em suas escolhas? O tal *branded content* (criar uma narrativa ficcional que se parece com arte, mas, na verdade, está vendendo um produto) invadiu as narrativas jornalísticas? Não sei. Alguém aí sabe?

LUGARES PARA FALAR

A luta por mais espaço para os discursos de setores marginalizados da sociedade brasileira continua. Qualquer minoria, qualquer grupo que tenha enfrentado injustiças históricas – não importa se foi ontem ou há 518 anos – deve ser incentivado a dizer o que pensa, pois é assim que a democracia de verdade funciona. Estou falando de negros, mulheres, indígenas, *gays*, transsexuais e muitas outras categorias. São brasileiras e brasileiros que têm o direito de falar de seus problemas, denunciar a opressão que sentem e exigir um tratamento mais digno.

A expressão "lugar de fala", no entanto, evoluiu de um sentido mais óbvio, relativo ao tradicional cerceamento do discurso desses grupos – quem não fala porque não tem onde falar permanecerá para sempre marginalizado –, para um mais sutil: quem fala deve ter plena consciência da posição subjetiva que ocupa em relação ao problema, de modo a não supor que sente exatamente o que outra pessoa, que está em um lugar de fala diferente, está sentindo. Em outras palavras: a empatia tem seus limites. É uma ideia interessante.

Uma perigosa distorção, contudo, aparece de vez em quando. Algumas pessoas, depois de conquistar o seu lugar de fala e finalmente falar, querem tornar sua voz a única a ser ouvida, desqualificando qualquer discurso de quem está fora do "seu" lugar de fala. Assim, brancos não podem falar de assuntos de negros, nem héteros podem se meter em questões *gays*, nem homens podem participar de lutas feministas. Essa retrodiscriminação pode levar qualquer debate a um axioma fascista: quem está no lugar "correto" de fala tem razão, enquanto os ocupantes de outros lugares estão inevitavelmente errados. Quando estes insistem em dialogar, a acusação costuma ser de "apropriação cultural".

Não consigo imaginar um diálogo democrático sem uma dose de empatia, respeito à alteridade e apropriação cultural de parte a parte, com ideias sendo compartilhadas e novas misturas surgindo a todo momento. Ou alguém aí se recusa a ouvir Beatles e Rolling Stones porque são bandas de branquelos que se "apropriaram culturalmente" de um movimento musical negro? A sociedade caminha melhor com polifonias e miscigenações. Lugares de fala não podem ter dono.

ESSA COISA QUE DEU ERRADO

Alguma coisa deu errado nas ruas das grandes cidades. Não é só no velho viaduto da Borges, em Porto Alegre. Deu errado também em viadutos novos, recém-inaugurados. Deu errado em viadutos que nem ficaram prontos, em muitas cidades de muitos países diferentes. Deu errado nas estações de metrô de Paris, nas praças de São Francisco, nas marquises dos prédios de São Paulo, nos canteiros das obras de Moscou. Deu errado no Ocidente e no Oriente, no Norte e no Sul, no capitalismo industrial e no comunismo real.

Essa coisa que deu errado sobreviveu a todos os dilúvios e agora ocupa os taludes do Arroio Dilúvio. Pede esmola com um forte brado na esquina da avenida Ipiranga, mas o brado também dá errado, não é ouvido, não retumba, não chega nem perto da Independência. Essa coisa que deu errado é totalmente dependente. Depende de mais um produto orgânico integralmente podre encontrado num *container*, de mais um cliente sexualmente satisfeito num canto escuro da Voluntários, de mais uma pedra de *crack* finalmente fumada para esquecer que tudo deu errado.

Eminentes cientistas de todo o mundo tentam descobrir as origens do erro. Sociólogos brasileiros, ecologistas chineses, físicos quânticos norte-americanos e filósofos franceses apontam soluções. Todas dão errado. Essa coisa que deu errado e parece não ter conserto continua se arrastando com um pé enfiado num tênis despedaçado e o outro pé envolto numa bandagem podre. Se um dia a bandagem for retirada, um rio de pus amarelo sairá da ferida e será lambido pelo cão sarnento que acompanha fielmente a coisa que deu errado.

Essa coisa que deu errado cheira muito mal, emporcalha as calçadas, fala sozinha, assusta as crianças. No verão, fica nua, escandalizando os cidadãos de bem. No inverno, envolve-se num cobertor marrom, como um mutante gigante e cego, sem rumo e sem papel no filme *Monstros S.A.* pra bancar o bonzinho. Essa coisa que deu errado se espalha, se multiplica e em breve estará em todas as esquinas e em todas as praças de todas as cidades. Alguma coisa deu errado, muito errado. E essas coisas erradas, isto é mais que certo, herdarão nosso mundo que deu errado.

NÃO É NÃO! SIM É SIM!

Lá estava eu, no final de 2016, como convidado num *show* d'Os Replicantes no bar Opinião, comemorando o relançamento do nosso compacto duplo de 1985, quando o palco foi "invadido" pelas três garotas da banda 3D, que havia feito a abertura do espetáculo. Com a ajuda da Júlia (atual vocalista dos Repli), elas mostraram alguns cartazes para o público. O que ficou na minha memória era o que gritava "NÃO É NÃO!" A reação dos espectadores foi de absoluto apoio. A minha também. Qualquer movimento que combata o estupro, que denuncie a misoginia, que lute por igualdade de direitos para as mulheres, que tire da cabeça dos homens que eles têm o direito de constranger o sexo oposto com assobios na rua, com piadas infames no trabalho ou com insinuações grosseiras no bar tem meu absoluto apoio. Por isso, cantei, dancei e pulei ao lado das bravas (e queridas) roqueiras feministas.

Alguns minutos depois, enquanto descansava nos camarins, aguardando para um último retorno ao palco – esses *shows* com convidados de formações antigas têm a salutar característica de proporcionar intervalos estratégicos para roqueiros meio fora de forma –, tive a ideia: era preciso complementar o recado. Peguei o primeiro pedaço de papel que achei e, com um pincel atômico meio seco, consegui escrever: "SIM É SIM!" Quando voltei ao *show*, mostrei o improvisado cartaz para os espectadores. Me arrisco a dizer que todas e todos compreenderam e apoiaram meu cartaz.

Nos últimos tempos, criou-se uma suposta polêmica. De um lado, as atrizes que, vestidas de preto no Globo de Ouro e tendo Oprah como porta-voz, reafirmaram sua luta contra os homens abusadores. De outro, atrizes francesas, capitaneadas por Catherine Deneuve, que defenderam a liberdade sexual das mulheres contra os golpes reacionários que, surfando calhordamente no saudável sentimento antimachista, censuram os corpos e atacam o erotismo. Fora as inevitáveis questões semânticas dos dois discursos, acho que os cartazes resumem bem a questão. "NÃO É NÃO!", e quem insistir é um chato e, possivelmente, um criminoso. "SIM É SIM!", e quando a livre e inequívoca resposta positiva acontecer – na rua, no trabalho ou no bar –, que a felicidade seja infinita enquanto dure.

109

Foi minha colocação geral no vestibular da UFRGS em 1977. Não é grande coisa. Cento e oito estudantes tiveram desempenho melhor que o meu. Alguém sempre é o último na lista dos vencedores de qualquer concurso, assim como alguém é o primeiro na lista dos perdedores. A diferença de desempenho entre eles pode ser ridícula. Talvez até aleatória. Isso se chama competição. Faz parte da natureza como um todo, e muitas de nossas qualidades como seres humanos são resultado de alterações genéticas que causaram mínimas mudanças de desempenho dos nossos órgãos ao longo de milhões de anos. O jogo é assim. As regras são essas. Quer mudar as regras? Morra ou compre uma passagem para outro planeta.

A educação de um ser humano nas áreas das ciências humanas e das artes, contudo, não tem absolutamente nada a ver com as leis da seleção darwiniana. A educação é um sistema para superar – e, eventualmente, até eliminar por completo – pressões evolutivas naturais. Por isso, minha maior dificuldade como professor sempre foi dar uma nota para o trabalho de um aluno que estuda comigo. Quem sou eu para classificar seres humanos em níveis de desempenho intelectual? Eu estou ali para tentar – às vezes inutilmente, mas sejamos otimistas – ajudar um ser humano em sua busca de conhecimento cultural, de amadurecimento pessoal e, como resultado desses dois processos, de sucesso profissional.

Quando dou um dez – uma nota "boa" –, o problema não existe. Contudo, quando a nota é "ruim" – qualquer coisa menos que dez, se alguém na classe tirou dez –, sei que estou acionando mecanismos de competição com grandes implicações emocionais. Posso estar inviabilizando uma carreira, um imenso talento artístico, porque diminuí a autoestima de alguém que precisava de apoio, de colaboração, de afeto, e não de uma avaliação numérica que, ainda por cima, é subjetiva e depende muito de meu humor no momento de ler a prova ou o trabalho. Neste ano, pretendo fazer cursos sobre avaliação em processos educacionais, mas desconfio que o problema é insolúvel enquanto as comparações numéricas existirem. Ser o 109 não significa ser melhor que o 110, nem pior que o 108. Nem os conheço, mas mando pra eles meu fraternal abraço, mais de 40 anos depois.

O ÚLTIMO REDUTO DA ORIGINALIDADE

    É muito difícil ser original. Não falo de pessoas, falo de coisas. Caixas de som portáteis e potentes, de marcas famosas, nesse verão eram vendidas a preço de banana nas areias de Mariluz. Camelôs desistiram de suas redes e mantas paraibanas para vender óculos de sol de grifes exibidas nas vitrines mais chiques da Champs-Élysées. Os remédios genéricos, que curam da gripe à disfunção erétil, aos poucos desbancam nas farmácias as químicas encapsuladas da indústria mais lucrativa do planeta. A camiseta original de um clube de futebol custa o equivalente ao uniforme completo de um time, do goleiro ao ponta-esquerda, se comprado em loja popular. E ainda sobra pra comprar uma bola. Quem compra a original?
    Mais exemplos são desnecessários. Dê uma olhada no que você está vestindo e no que carrega dentro da mochila. Não adianta culpar os chineses. Eles são apenas uma engrenagem no mecanismo global de replicação massiva – e, geralmente, não autorizada –

de produtos "de marca" cujos preços estratosféricos afugentam o consumidor mais modesto. Há nesse processo um tanto de pirataria tradicional, o que é um crime e causa prejuízos sérios à economia formal, e um tanto de saudável enfrentamento de corporações gigantescas que lucram muito e pagam quase nada a trabalhadores semiescravos, o que, se não é um crime, deveria ser.

Esses gigantes do comércio mundial não gostam dos produtos similares aos seus, mas não conseguem detê-los. Com uma única exceção. Quase enlouqueci tentando colocar cartuchos recarregados (e, portanto, ecologicamente corretos), comprados em fornecedores perfeitamente legais, em duas impressoras de marcas diferentes. As máquinas infernais não cansaram de me dizer que havia alguma coisa errada. Vencido pela retórica maquinística, comprei os produtos originais. Foram seis cartuchos, totalizando R$ 523. Tenho a nota comigo, se alguém duvidar. Duas impressoras novas, de boa qualidade, poderiam ser compradas por menos de R$ 400 e já viriam com a tinta. Que lógica é essa? As impressoras tentam manter uma reserva de mercado para seus insumos através da vigilância implantada em seus sistemas operacionais. Talvez seja legal. Mas esse último reduto da originalidade é de uma calhordice extrema. Deus salve os genéricos!

Coordenação editorial: Maitê Cena
Capa e projeto gráfico: Marco Cena
Revisão: Bianca Diniz
Produção editorial: Jorge Meura
Produção gráfica: André Luis Alt

Dados Internacionais de Catalogação na Publicação (CIP)

G361a Gerbase, Carlos
    Anarquia é utopia - faça uma todo o dia. / Carlos Gerbase. – Porto Alegre: BesouroBox, 2018.
    192 p.; 14 x 21 cm

    ISBN: 978-85-5527-072-7

    1. Literatura brasileira. 2. Crônicas. I. Título.

CDU 821.134.3(81)-9

Bibliotecária responsável Kátia Rosi Possobon CRB10/1782

Copyright © Carlos Gerbase, 2018.

Todos os direitos desta edição reservados a
Edições BesouroBox Ltda.
Rua Brito Peixoto, 224 - CEP: 91030-400
Passo D'Areia - Porto Alegre - RS
Fone: (51) 3337.5620
www.besourobox.com.br

Impresso no Brasil
Abril de 2018